einfach taub ....

Angelika Schweitzer
Liane Kaiser

Einfach taub....

Verständigung, Problematik, Faszination

bookXpress

1. Auflage 2002

Texte und Fotos: Angelika Schweitzer u. Liane Kaiser
Fotos auf den Seiten 13, 40 u. 41: Renate Schütz
Bildbearbeitung, Layout und Gedichte: Angelika Schweitzer
Druck: Digitalakrobaten/Druckwerkstatt, Fernwald
www.digitalakrobaten.de/Tel. 06404 90490

Printed in Germany

ISBN 3-936705-14-3

Über uns

Angelika Schweitzer

Sie wurde 1962 in Frankfurt/Main geboren und bekam ihren ersten Hund mit 11 Jahren.
Sie ist verheiratet und Mutter eines 11-jährigen Sohnes.
Seit 4 Jahren ist sie ehrenamtliches aktives Mitglied der Rettungshundestaffel Hessen Mitte der Johanniter-Unfall-Hilfe in Gießen und ist zusätzlich für die Verwaltung der Rettungshundestaffel-Internetseiten zuständig.

Liane Kaiser

Sie wurde 1969 in Hatzfeld/Rumänien geboren und bekam ihren ersten Hund mit 7 Jahren.
Sie ist ledig und Tierärztin.
Seit 7 Jahren ist auch sie ehrenamtliches aktives Mitglied der Rettungshundestaffel Hessen Mitte der Johanniter-Unfall-Hilfe in Gießen.

Inhaltsangabe

Vorwort

Es gäbe sicherlich mehr Menschen, die einen tauben Hund zu sich nehmen würden, wäre da nicht die große Angst, dieser verantwortungsvollen Aufgabe nicht gewachsen zu sein. Wenn man all den negativen Aussagen Glauben schenkt, werden wohl viele taube Hunde ihre verdiente Lebenschance einbüßen.

Auch ich hatte damals im Gespräch mit anderen Menschen mit vielen Gegenargumenten wie: „taube Hunde werden später aggressiv, sie sind nicht zu erziehen, sind unkontrollierbar" bis hin zu „untauglich und nutzlos" zu kämpfen. Als ich über die Frage „tauber Hund: ja oder nein" entscheiden musste, war mein Sohn gerade acht Jahre alt, doch ich fand er war alt und vernünftig genug, um ihm gewisse Verhaltensregeln erklären zu können.

Die Entscheidung traf letztlich mein Herz und ich und meine Familie sind sehr froh darüber, dass wir uns über all das Gerede der anderen hinweggesetzt haben, denn Jola bewies uns das Gegenteil.

Sicherlich muss die Entscheidung gut überlegt sein, denn ein tauber Hund ist eben ein Hund, für den gewisse Voraussetzungen wie Platzbedarf, Zeit und Zuwendung eine noch größere Rolle spielen. Ein tauber Hund fordert bedeutend mehr Zeit und Aufmerksamkeit des Besitzers. Kann der Hund nicht von der Leine gelassen werden, ist ein sicheres, eingezäuntes Gelände unerlässlich.

Das Buch soll eine Hilfe sein, für diejenigen unter uns, die es sich zur Aufgabe machen, einen tauben Hund aufzunehmen und ihn in unsere Welt zu integrieren, um ihm ein glückliches, artgerechtes Leben zu ermöglichen.
Anhand der Erlebnisse mit und um Jola, möchten wir in diesem Buch vermitteln, dass ein tauber Hund kein hoffnungsloser Fall ist, sondern ein Hund, der mit Einfühlungsvermögen, ausdruckstarker Körperhaltung und eindeutiger Mimik, all das lernen kann, was auch ein hörender Hund lernt.

Anhand vieler Fotos veranschaulichen wir die Handhabung verschiedener von mir gewählter und für gut befundener Sichtzeichen.
Unsere Gedichte und Geschichten erzählen von Jolas Erlebnissen, Empfindungen und Wünschen.
Das Buch zeigt die Schwierigkeiten in der Erziehung eines tauben Hundes auf, aber auch die Faszination, mit einem Hund ohne Stimme zu kommunizieren.

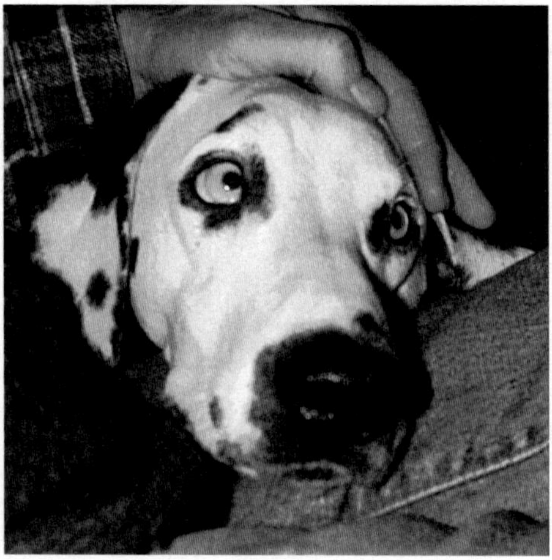

Der Grund für dieses Buch

Als Jolas Taubheit endgültig durch den Audiometrietest bestätigt wurde, versuchte ich an Information zu kommen, die mir im Umgang mit einem tauben Hund weiterhelfen würden: wie erzieht man ihn, welche Erziehungshilfsmittel gibt es und was muß man beachten. Kurzum, ich erwartete mir Hilfe in Form von Büchern. Es gibt massenweise Erste-Hilfe-Bücher, Erziehungsbücher für alle möglichen Sparten des Hundesports, Rassebücher, aber ich habe keines gefunden, das sich mit der Erziehung eines tauben Hundes beschäftigt. Ich war mit Jola so ziemlich auf mich allein gestellt. Fast jeder, der von Jolas Taubheit hörte, bedauerte mich. Ja, wenn ich mit Jola spazierenging und sie sich anfänglich mit ihrem eigenwilligen Köpfchen dazu entschloss, alleine nach Hause zu gehen und es mir einfach nicht möglich war, sie davon abzuhalten, bedauerte ich mich sogar selbst. Oft war ich verzweifelt, weil Jola so voller Energie, Tatendrang und Lebenshunger war, dass ich es manchmal zeitlich nicht schaffte, ihren mobilen Anforderungen gerecht zu werden. Ließ ich die Hunde länger als zwei bis drei Stunden alleine zu Hause, hatte Jola bis zu meiner Rückkehr tüchtig auf- und umgeräumt. Mir kommt es vor, als würde ihr ihre Stille dazu verhelfen auf besonders tolle Ideen zu kommen.
Aufgrund meiner Unwissenheit, mangelnder Erfahrung und den anfänglichen immensen Schwierigkeiten, konnte ich mich nur langsam in Jolas Taubheit hineinversetzen, doch fügte ich mich in unser Schicksal. Die Zeichensprache war bald nichts Ungewohntes mehr für mich, und mit dem Wissen um Jolas Behinderung, fand ich für ihre manchmal eigentümlichen Verhaltensweisen nicht nur eine plausible Erklärung, ich konnte sie jetzt auch akzeptieren. Mehr noch, sie begann mich regelrecht zu faszinieren: ihre Art, scheinbar von meinen Lippen zu lesen, wie sie auf eine ganz sanfte Weise den Kontakt zu ihren Men-

schen sucht, wie sie eine bestimme menschliche Körperhaltung für sich interpretiert, wie sie mit anderen Hunden umgeht - einfach wie sie mit ihrer stillen Welt zurecht kam. Endlich merkte ich, dass die stille Kommunikation gar nicht so schwer ist - wenn man einfach selbst stiller wird.
Liane hat meine Verzweiflung, Hilflosigkeit und auch meine Faszination mit mir geteilt und half mir, wo sie nur konnte.
Liane und ich möchten den Menschen, die einen tauben Hund bei sich aufgenommen haben oder aufnehmen möchten, Mut machen und Unterstützung in der Erziehung geben, ihnen die Eigenarten und Probleme, die ein tauber Hund mit sich bringt, näher bringen, aber auch aufzeigen, wie faszinierend es ist, sich mit der stillen Welt eines tauben Hundes auseinander zu setzen.
Letztlich unterscheidet sich ein tauber Hund nicht wirklich von einem hörenden – wenn man bereit ist, sich wirklich auf ihn und seine Welt einzulassen.
Ohne konsequente Erziehung, Liebe und Zuwendung ist ein hörender Hund ebenso unkontrollierbar, wie ein tauber, ein blinder, ein großer oder kleiner.
Mit dem Buch möchten wir aufzeigen, dass ein tauber Hund genauso ein Recht auf Leben hat wie ein hörender, und dass aus jedem tauben Hund ein folgsamer, fröhlicher und unkomplizierter Hund werden kann, wie Jola es ist, und die ist, zumindest in unseren Augen, ein wahres Prachtstück.

Schau mich an

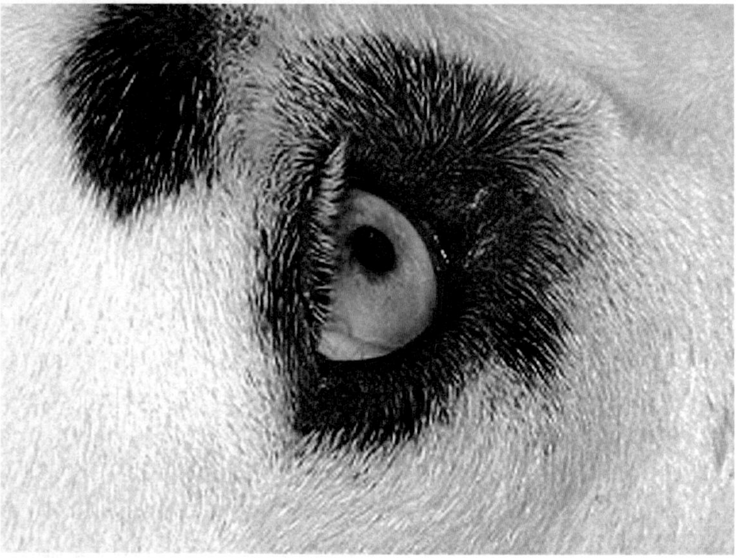

Schau mich doch genauer an,
siehst Du, dass ich nichts hören kann?
Du siehst es nicht, und mir macht es nichts aus,
was lernen wir daraus?

Ich bin ich und Du bist Du,
genau das ist hier der Clou!
Jeder muss sich selbst ertragen,
tagtäglich und in allen Lebenslagen.

Ich find mich gut, so wie ich bin,
hier in diese Welt gehör ich hin.
Ich bin geboren worden, um zu leben,
was Besseres kann`s gar nicht geben.

Die Wahl fällt auf Jola

Ich erinnere mich noch ganz genau.....
Das Telefon klingelte und Bongos Züchterin rief an. Sie wollte sich erkundigen, wie es unserem zwei Jahre alten Dalmatinerrüden geht und wie er sich entwickelt. Anschließend erzählte sie, dass sie einen Wurf von 12 Dalmatinerwelpen habe, von denen fünf verkauft waren. Sie hatte noch 6 Welpen übrig und wurde sie nicht los. Nun wollte sie wissen, ob unsere Familie nicht noch einen zweiten Hund haben wollte.
Ich glaube, das war die Frage, die unser Leben komplett veränderte, denn nach diesem Anruf tagte der Familienrat. Es wurde gegrübelt, hin und herüberlegt. Mit Bongo waren wir sehr zufrieden, ich bildete ihn zum Rettungshund aus und er stellte sich dabei sehr geschickt an. Warum also nicht noch einen weiteren Hund ausbilden?! Bongo würde sich über die Gesellschaft freuen.
Da die Welpen aber schon 8 Wochen alt waren, mussten wir uns gezwungenermaßen schnell entscheiden. So beschlossen wir, uns die Welpen in jedem Fall am selben Abend einmal anzusehen. Ich rief meine Freundin Liane an und fragte sie, ob sie mitkommen wollte, was sie natürlich bejahte, denn Liane war nicht nur immer ganz hin und weg von Hundewelpen, sie konnte, bedingt durch langjährige Erfahrung, Hunde auch recht gut einschätzen.
Meine Güte, den Rest des Tages waren wir ziemlich aufgeregt und nervös, auch Bongo wurde von uns angesteckt. Als Liane

dann am Abend eintraf, ging es los. Nach einer dreiviertel Stunde Autofahrt waren wir angekommen. Alle stiegen aus, nur Bongo musste vorerst im Auto bleiben. Nach einer kurzen Begrüßung der Züchterin, ging es zu dem hellerleuchteten Kuhstall, der auf der gegenüberliegenden Seite des Hofes lag. In dem Kuhstall war es recht laut. Das Radio lief in voller Lautstärke, Ketten klirrten, die Kühe muhten, und die Melkmaschinen ratterten. In der Mitte dieses Stalles, auf einem Platz mit viel Stroh, tummelten sich kleine gepunktete Hundewelpen. Einer putziger als der andere. Wir waren natürlich begeistert von den tapsigen kleinen Welpen. Vier der insgesamt sechs Welpen waren Rüden, zwei waren Hündinnen. Ich hätte auf der Stelle alle sechs Welpen mit nach Hause nehmen können, aber da wir in jedem Fall eine Hündin wollten, richtete sich unser Augenmerk ausschließlich auf die beiden Hündinnen: ein braunweiß- und ein schwarzweißgetupftes Dalmatinermädel. Eine ganze Weile beobachteten wir, wie sie sich in der Gruppe verhielten und schauten ihnen einfach beim Spielen zu. Das schwarz-weiße Hundemädchen kam oft neugierig zu uns an die Absperrung und versuchte am Arm meines Sohnes hinaufzuklettern. Deshalb holten wir die Kleine einfach mal raus, um sie uns näher anzuschauen. Liane und ich wollten gerne einen kleinen Hörtest machen. Wir nahmen sie mit nach draußen. Ach du je, war das ein Lärm in dem Kuhstall gewesen. Selbst draußen vor der Tür hörte man recht deutlich sowohl das Rasseln der Ketten, das Radio, als auch die Melkmaschinen. Die Hündin lief im Hof herum, schnupperte da und schnupperte dort. Wir warfen einige Male verschiedene Gegenstände hinter sie, um zu testen, ob sie sich davor erschreckt, aber irgendwie konnten wir dies bei dem Lärm nicht eindeutig klären. Manchmal erschreckte sie sich, manchmal auch nicht. Wir spielten noch ein bisschen mit der Kleinen und brachten sie dann zu den anderen Welpen zurück. Anschließend nahmen wir die braunweiß getupfte Hündin mit nach draußen und machten mit ihr die gleichen Tests. Auch bei ihr konnten wir nicht eindeutig feststellen, ob sie Gehör-Probleme hat. Was uns aber auffiel war, dass sich diese Hündin extrem ängstlich verhielt. Mein Mann Claus, mein Sohn Felix und ich beschlossen: wir nehmen das schwarzweiße Hundemädchen. Die Entscheidung war gefallen. Sie war unheimlich charmant, neugierig, kontaktfreudig und sie ließ sich von den anderen nichts gefallen. So hübsch ihre himmelblauen Augen auch waren, gerade diese schürten unsere Skepsis in Bezug auf ein gesundes Gehör. Ich rechnete zwar nicht wirklich damit und es lag für mich in weiter Ferne, aber ich machte trotzdem vorsichtshalber mit der Züchterin aus, dass sie die Hündin, im Falle einer Taubheit, zurücknehmen würde.

Gedanken

Ich bin taub, doch stört`s mich nicht,
hab ja noch mein Augenlicht,
eine Nase, die mich führt,
die Gefahr und Liebe spürt.
Meine Beine sind o.k.
und auch sonst tut mir nichts weh.

Alles würd` ich dafür geben,
dass meine Freunde dürfen leben.

Aller Anfang ist schwer

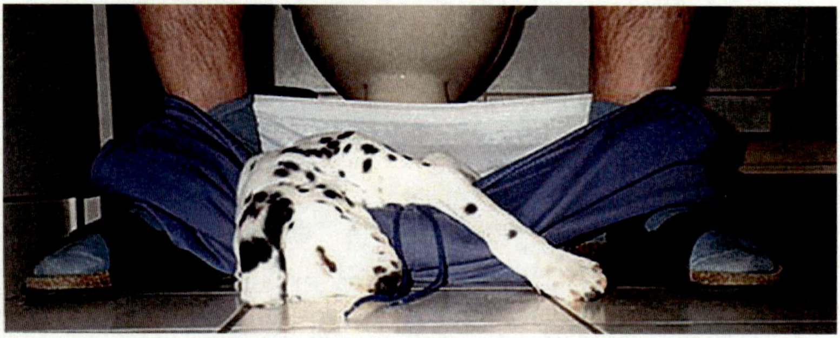

Jolas Kontaktsuche kennt keine Grenzen

Ohne es zu wissen, gab ich ihr ihren Namen.
Der Name, der für all das steht, was sie ausmacht.

JOLA: Jederzeit
Offenherzig
Lebenslustig und
Aktiv

Jola war 8 Wochen alt, als wir mit ihr an einem November-Abend 1999 bei uns zu Hause eintrafen. Sie war ein kleines, tapsiges, knuddeliges, schwarzweiß gepunktetes Dalmatinermädchen mit himmelblauen Augen. Sie konnte die Welt sehen und spüren, aber nicht hören, denn sie war taub.
Doch das wussten wir zu diesem Zeitpunkt noch nicht, und sie musste es nicht wissen, denn für sie war es das Normalste auf der ganzen Welt.

Ich erinnere mich noch genau daran, wie sie, nachdem wir mit ihr zu Hause angekommen waren und sie im Flur auf den Boden gesetzt hatten, uneingeschüchtert, locker flockig losmarschierte und gleich alles erkundete. Sehr zum Leidwesen unseres Dalmatinerrüdens Bongo.

Fand er sie beim ersten Kennenlernen außerhalb seines Reviers richtig nett, so stellte er sich ihr jetzt, wann immer sie seinen Besitztümern zu nahe kam, in den Weg und versuchte sie vehement wegzuknurren und wegzubellen. Doch, oh Schreck, das Mädel zeigte sich sichtlich unbeeindruckt und setzte ihren Erkundungsweg zielstrebig fort.
Nachdem er noch weitere Abwehrversuche gestartet hatte, die jedoch alle wirkungslos geblieben waren, verfolgte er ihr Treiben nur noch hilflos mit den Augen. Für ihn war es sichtlich unverständlich und irritierend, dass sie sich von seinen Drohungen nicht einschüchtern ließ.

Wir zeigten ihr, nachdem sie ihre Umgebung ausgiebig erforscht hatte, ihr eigenes kleines Körbchen, in das sie, erschöpft von den ersten Eindrücken, freiwillig hineinkletterte. Es dauerte nicht lange, da war sie tief und fest eingeschlafen. Um 23 Uhr weckten wir sie dann mit einem zarten Stups, damit sie sich nochmals lösen konnte. Jola sprang bei dieser Berührung wie von einer Tarantel gestochen aus ihrem Körbchen, schoss in die Küche zu ihrem Futternapf, aus dem sie am Abend das erste Mal gefressen hatte, und blieb erregt, mit fragendem Blick davor stehen.
Mit dieser Reaktion hatten wir wirklich nicht gerechnet, aber na ja, sich Eingewöhnen ist eben doch schwer, bemitleideten wir sie.

In den nächsten Tagen schlossen Jola und Bongo Freundschaft. Bongo hatte sich mit Jola`s Dasein abgefunden und zog es vor, in Frieden mit ihr zu leben. Jola durfte sogar in seinem großen Schlafkorb liegen, während er sich in ihr kleines Körbchen quetschte. Er entwickelte sich ganz zum Gentleman, Jola zu einer kleinen, charmanten Nervensäge. Hatte Bongo ein Spielzeug und sie wollte es haben, legte sie sich erst zutraulich ganz

in seine Nähe, um dann sehr sachte mit ihrer Pfote das Spielzeug an sich heranzuziehen. Funktionierte das nicht, begann sie in den schauerlichsten Tönen, jenseits der Tonleiter, zu keifen, jaulen und zu jammern, von allem etwas, so dass Bongo anfangs Reißaus nahm und ihr widerstandslos den gewünschten Gegenstand überließ.
Diese Töne hörten sich sehr ungewöhnlich an, aber jeder Hund hat seine Eigenheiten, fanden wir.

Wenn Jola schlief, dann schlief sie tief und fest. Selbst wenn wir aus einer raschelnden Tüte ein Leckerchen für Bongo herausholten, bekam sie dies nicht mit. Manchmal musste man sie zur Fressenszeit buchstäblich aufwecken, das Geräusch des in den Metall-Fressnapf prasselnden Trockenfutters, schien sie am Schlafen nicht zu hindern.
Gott sei Dank, nicht alle Hunde sind so verfressen wie Bongo, dachten wir.

Jola war nun 10 Wochen alt, aber noch immer hörte sie nicht regelmäßig auf ihren Namen. Mal kam sie, wenn sie gerufen wurde, mal kam sie nicht. Beim Spaziergang bekam ich regelmäßig Stressattacken. Sie hatte die Angewohnheit, hinter allem herzurennen, was sich bewegte. Permanent musste ich überlegen, wie ich mich selbst interessanter und wichtiger machen konnte, als das, was Jola im Auge hatte. Mal war es das Mäuschen im Loch, mal die Katze im Baum, mal der Bauer auf dem Feld oder ein vorbeifahrendes Fahrrad, dem sie wild kläffend hinterher jagte. Rufen war nutzlos, denn, so schien es, sie kam nur dann, wenn sie es wollte. Wie oft stand ich hilflos da, wild mit den Armen fuchtelnd, ihren Namen schreiend, mit dem Fuß aufstapfend, dem Herzinfarkt nahe....................!
Doch wenn sie eigenständig wiederkam, schwanzwedelnd, mit ihren freudestrahlenden Augen, die zu sagen schienen: „Hey

du, schau nicht so böse, das war eben oberwichtig, jetzt bin ich doch wieder bei dir", da konnte ich ihr nicht mehr böse sein.
Ich weiß noch, da war sie gerade 9 Wochen alt, als sie dreimal selbständig, ohne Bongo und mich, alleine nach Hause marschierte. Sie hatte einfach keine Lust zum Spazierengehen und drehte plötzlich, ohne Vorwarnung um. Es war mir nicht möglich, sie aufzuhalten, denn sie hatte immer einen gebührenden Abstand, der es mir unmöglich machte, sie einzuholen. Vor der Haustür empfing sie mich stets mit vorwurfsvollen Blick, so als wolle sie sagen: „Beeil dich, mir ist kalt, ich will rein."
Eine sehr eigenwillige Hündin, aber das kriegen wir noch hin, davon waren wir überzeugt.

Wenn ich den Staubsauger rausholte, fand Jola das toll. Angst vor dem lauten Geräusch zeigte sie nicht, im Gegenteil, sie fand es geradezu aufregend, den Staubsauger zum Spielen aufzufordern, und ich musste immer höllisch aufpassen, dass ich Jola nicht einfach aufsaugte.
Das gleiche Spiel, wenn wir den Rasen mähten, oder mit der Motorsense zu Gange waren. Jola war immer gerade da, wo mein Mann oder ich gerade mähen oder sensen wollten. Das höllische Getöse der Motoren ignorierte sie schlichtweg.
Gut, dass sie nicht so geräuschempfindlich ist, freuten wir uns.

Ich war guter Dinge, als ich Jola und Bongo zum ersten Mal zusammen im Auto mitnahm. Ich wusste, dass Jola das Autofahren gut verträgt. Also machte ich mir weiter keine größeren Gedanken als ich Jola und Bongo in den für sie vorgesehenen Kofferraum verfrachtete. Wir waren noch nicht lange unterwegs, als ich seltsame Geräusche vernahm. Ich schaute in den Rückspiegel und sah, wie Jola in aller Seelenruhe die ungeschützten Kabel meiner Rücklichter mit ihren Zähnchen bear-

beitete. Ich hätte daran denken müssen, klar ein junger Hund knabbert gerne. Ich schimpfte mit ihr und gab ihr ein sehr konsequentes “Pfui“, doch Jola schien das nicht im geringsten zu stören. Ich wurde wütend und rief immer lauter. Bongo saß schon ganz eingeschüchtert in der Ecke, während Jola so tat als hätte ich keinen Ton gesagt.
Nicht nur Rücklichter fielen ihr zum Opfer, nein, auch Teppichränder, Topfpflanzen, Handys, Socken, Putzlappen, Schränke und Fensterbänke – nichts war vor ihr sicher. Kein Schimpfen nutzte, auch wenn das „Nein!“ noch so konsequent kam, hörte sie erst auf, wenn man sie am Schlawittchen packte. Kurz nach Jolas Einzug entwickelte sich in unserer Wohnung eine recht spartanische Note. Während ich mir das Dekorieren abgewöhnte, gewöhnte ich mir im Gegenzug an, sämtliche Türen zu schließen, Schränke abzuschließen und die unteren Regalfächer vollständig abzuräumen.
Irgendwie ist dieser Hund nicht normal, dachte ich, mit meinen Nerven völlig am Ende.

Irgendwann fanden wir für all die Verhaltensauffälligkeiten von Jola keine richtige Erklärung mehr. Der Verdacht erhärtete sich immer mehr, dass Jola taub sein könnte.

Sie war fast 4 Monate alt, als wir bei ihr einen Audiometrie-Test durchführen ließen, der uns definitiv bestätigte, was wir schon seit längerer Zeit ahnten:

JOLA IST TAUB!

Jola ist mein werter Name ...

Mein weißes Fell hat schwarze Punkte, hübsch verteilt,
ist immer gut gekämmt und schön gestylt.
Ich habe Hängeohren und eine schwarze Nase,
und befinde mich noch in der Übungsphase.
Meine Rute hat am Ende einen kleinen Knick,
doch find ich das rassig und äußerst schick.

Einen schlanken Hals hab ich und lange Beine,
ich lauf` lieber frei, als an einer Leine.
Ich hab` hellblaue Augen und schneeweiße Zähne,
meine rote Zunge sieht man, wenn ich laut gähne.

Ich liebe kleine Mäuschen und Blätter im Wind,
ich fang sie so gerne, wenn ich sie find.
Ich bin taub, doch das fällt kaum einem auf,
und Frauchen nimmt die Taubheit gerne in Kauf.

Ich bin hoch gewachsen und gertenschlank,
was ich wohl meiner Agilität verdank.
Ich hab Energie und bin äußerst mobil,
ich laufe und renne, gerne und viel.

Ich kann bellen, knurren, winseln und lachen
Ich liebe es, verrückte Sachen zu machen.
Jola ist mein werter Name,
bin eine Dalmatinerdame!

Der Entscheidungskampf

Zwei Seelen schlagen ach, in meiner Brust, so kam es mir vor, als ich versuchte, die richtige Entscheidung zu treffen. Jola war uns allen ans Herz gewachsen. Sie faszinierte uns mit ihrer schnellen Auffassungsgabe, mit der Art, wie sie um Verzeihung bat, nachdem sie etwas angestellt hatte, mit ihrer unendlichen Energie, ihrem Lebenshunger, ihrer Agilität und ihrem Charme. Jedoch konnte ich über die Tatsache, dass sie taub war, nicht einfach hinwegsehen. Die Pläne, die ich mit Jola hatte, waren mit einem Schlag zunichte gemacht worden! Ein Umdenkprozess war die Folge.
Ich hatte Angst vor der Erziehung, ich hatte Angst vor der großen Verantwortung, die man sicherlich mit einem tauben Hund übernahm. Ich fragte mich, wie ich diesen agilen, um nicht zu sagen hyperaktiven, intelligenten Hund beschäftigen sollte. Außerdem gab es ja auch noch Bongo, den ich zum Rettungshund ausbildete, was sehr viel Zeit in Anspruch nahm. Über Jola hatte ich mit den Staffelkollegen gesprochen, aber aufgrund ihrer Taubheit kam für sie die gängige Rettungshundeausbildung nicht in Frage, denn ein Rettungshund muss jederzeit abrufbar sein. Wie sollte das bei Jola gehen? Ich war innerlich zerrissen, überlegte hin und her und zählte mir immer wieder die Vor- und Nachteile auf, schrieb Tabellen mit Pro- und Kontra-Spalten. Vorteile gab es zwar nicht sonderlich viele, aber der Charakter dieses Hundes übertraf alle Nachteile. Wenn man Jola durch die Natur flitzen sah, mit welcher Freude und Intensität sie alles erschnüffelte und erkundete; wenn sie mit Tempo 100 durch die Felder jagte und ihre Schlappohren vom Wind senkrecht nach oben gedrückt wurden, oder wenn ich ihr in die blauen Augen blickte, die von der Grausamkeit in dieser Welt noch nichts gesehen hatten, dann konnte ich nur diese Entscheidung treffen: JOLA BLEIBT BEI UNS!

Ist mein Hund taub?

Entscheidet man sich nicht für die Anschaffung einer Rasse, die bekannt ist für angeborene Taubheit, so stellt sich für die wenigsten angehenden Hundebesitzer die Frage nach angeborener Taubheit eines Hundes. Es gibt ja so viel anderes zu beachten – wie in jedem guten Fachbuch zu lesen und von jedem guten Hundeausbilder zu erfahren ist. Und tatsächlich läuft man relativ selten Gefahr, dass das wunderbare neue Familienmitglied gehörlos ist. Trotzdem sollte jeder, der im Begriff ist, sich einen Hund anzuschaffen zumindest die Möglichkeit in Betracht ziehen. Dabei muss die Klärung der Frage „taub oder hörend?" nicht unbedingt eine Entscheidung „für oder gegen" den ausgesuchten Hund sein. Vielmehr hilft sie, Missverständnisse zu vermeiden und lenkt die Art der Kommunikation mit dem Hund von Anfang an in die richtigen Bahnen. Dennoch – einen tauben Hund zu erziehen stellt selbst erfahrene „Hundeleute" vor diverse, scheinbar unlösbare Probleme, ist also nicht unbedingt etwas für den Hunde-Anfänger!

Man muss kein Tiermediziner sein, um einfache Hörtests am Hund durchzuführen. Alles, was Sie (und Ihr Züchter) brauchen, ist ein bisschen Zeit, einen stillen Raum, ein paar kleine Gegenstände und etwas Geduld.

Vielleicht haben Sie mit dem Welpen Ihrer Wahl schon ein paar Wesenstests gemacht, wie ihn von seiner Mutter und den Wurfgeschwistern zu separieren, haben ihn mit einem Regenschirm „erschreckt“ oder wild mit einem Lappen vor seiner Nase gewedelt, um seine Reaktion darauf zu testen. Prima! Doch sagt dies alles leider nichts über sein Gehör aus. Auch nicht der Schlüsselbund/Kette, der mit lautem Scheppern auf den Boden fällt, denn mit dem Geräusch ist hier auch eine Bewegung verbunden, die der gehörlose Hund u.U. eher registriert, als der hörende, weil er aufgrund seiner Behinderung vermehrt für andere Sinne (hier: Sehen) sensibilisiert ist. Häufig entsteht so der Eindruck, der Hund habe das Geräusch des Schlüsselbundes gehört, doch in Wirklichkeit hat er den Gegenstand aus den Augenwinkeln heraus fallen sehen und sich deshalb (vielleicht erschreckt) danach umgesehen. Hier sind wir auch schon am wichtigsten Punkt des Hörtests angelangt: die Geräusche, die Sie machen, dürfen vom Hund nicht „gesehen“ werden. Selbst ein hörender Hund reagiert aufgrund seiner Eigenschaft als Jäger auf visuelle Reize stärker als auf rein akustische.
Also: nehmen Sie den Welpen auf den Arm und bitten Sie den Züchter, Sie in einen stillen Raum zu führen, in dem sich nach Möglichkeit keine bewegenden Objekte, z.B. andere Tiere, befinden. Wenn der Welpe auf dem Arm des Züchters ruhiger ist, lassen Sie ihn den Hund halten.
Lassen Sie den Welpen den Raum erkunden und geben Sie ihm Zeit, zur Ruhe zu kommen. Erst, wenn der Hund nicht mehr ständig den Kopf dreht, um sich dieses oder jenes im Raum anzusehen, beginnen Sie den Test.
Der Hund ist auf dem Arm einer Person oder sitzt/liegt/steht auf einer erhöhten Position, z.B. auf einem Tisch. Die Personen, die sich in seinem Blickfeld aufhalten, machen keine hektischen oder unnötigen Bewegungen. Eine Person begibt sich außerhalb seines Blickfeldes, d.h., direkt hinter ihn, ohne ihn zu irgendeinem

Zeitpunkt zu berühren. Erst, wenn der Hund kein Interesse mehr an dieser Person zeigt, setzen Sie ihn verschiedenen Geräuschen aus.
Zum Erzeugen von Geräuschen eignen sich verschiedene Gegenstände, wie z.B. ein Quietschtier, eine Trillerpfeife oder auch o.g. Schlüsselbund. Die Geräusche sollen nicht übermäßig laut sein, denn wir wollen unseren Hund ja nicht erschrecken. Vielmehr soll er auf leise Geräusche reagieren. Wenn Sie keinen entsprechenden Gegenstand dabei haben, reicht auch ein leichtes Klatschen der Hände, ein Fingerschnippen oder, wenn der Hund auf seinen Namen reagiert, ein leises Rufen des Namens.
Bei jedem Geräusch, dass Sie erzeugen, müssen Sie auf zwei Dinge achten:
der Hund darf keine Bewegung sehen (auch nicht aus den Augenwinkeln).
Halten Sie die Geräuschwerkzeuge deshalb immer hinter die Hundeohren, bzw. seitlich davon. Wenn Sie nicht sicher sind, ob der Hund diese Hilfsmittel sehen kann, verstecken Sie das Geräuschwerkzeug hinter Ihrem Rücken, wenn Sie ein Geräusch erzeugen.
Der Hund darf keinen vom Geräusch erzeugten Windhauch spüren. Das ist z.B. der Fall, wenn Sie direkt hinter/neben den Ohren in die Hände klatschen, mit den Fingern schnippen oder das Luftventil eines Quietschtierchens in Richtung des Hundes zeigt. Auf diesen Windhauch hin würde auch ein tauber Hund den Kopf in die Richtung des Geräusches drehen, obwohl er gar kein Geräusch gehört hat.
Bemerkt der Hund (und das tut er in der Regel), dass Sie sich ihm mit oder ohne Gegenstand von hinten nähern, warten Sie in dieser Position, bis sich sein Interesse an Ihnen gelegt hat, bevor Sie ein Geräusch erzeugen. Sind Sie im Blickfeld des Hundes mit dem Quietschtierchen hinter Ihrem Rücken, warten Sie, bis der Hund Sie nicht mehr ansieht und erzeugen dann ein Geräusch.

Die Reaktion des hörenden Hundes soll deutlich ausfallen, d.h., er soll seinen Kopf in die Richtung wenden, aus der er das Geräusch vernommen hat. Bei einem Hund, der bereits an diverse Geräusche gewöhnt ist und sich nicht schnell aus der Ruhe bringen lässt, kann sich diese Reaktion auch nur als ein leichtes Zucken des Ohres zeigen. Sind Sie sich nicht sicher, ob die Reaktion auf das Geräusch hin erfolgte, bzw. ob der Hund überhaupt eine eindeutige Reaktion zeigte, wiederholen Sie das Geräusch. Zwischen zwei Geräuschen nehmen Sie sich die Zeit, auf einen Moment zu warten, an dem der Hund wieder ruhig bis gelangweilt ist. Aber Vorsicht!
Verbindet ein hörender Hund mit dem Geräusch keine positive Aktion (z.B. Leckerchen, Spiel, o.ä.), wird er schnell das Interesse an diesem Geräusch verlieren und auch ein hörender Hund wird nach dem dritten, vierten Mal u.U. keine Reaktion mehr zeigen. Variieren Sie in diesem Fall die Geräusche, die Sie dem Hund „anbieten“: mal ein Quietschen, mal ein Pfeifen oder Schnippen. Am eindeutigsten ist die Reaktion des Hundes auf Geräusche, die er in seinem Leben bis dahin noch nicht kennen gelernt hat. Der taube Hund wird auf keines der Geräusche reagieren, immer vorausgesetzt, er konnte das Geräusch weder „sehen“ noch „spüren“.
Sie können diesen Test natürlich nicht nur bei taub geborenen Hunden anwenden, sondern durchaus auch bei Hunden, von denen Sie wissen, dass sie zumindest früher gehört haben, so z.B. wenn Sie eine Alterstaubheit Ihres Hundes vermuten. Gerade, wenn Sie und Ihr Hund schon lange Jahre zusammengelebt haben, müssen Sie neben „sehen“ und „spüren“ besonders beachten, dass Ihr Hund Sie alleine anhand Ihrer Körpersprache durchschauen kann, d.h., Sie müssen hier eventuell zu besonderen Tricks greifen (kommt der Hund, der sich außer Sichtweite befindet, z.B. auf das Knistergeräusch der Leckerchentüte?).

Nicht immer vermag dieses Verfahren eindeutig zur Klärung der Frage „Ist mein Hund taub?“ beitragen, aber es lässt zumindest eine tendenzielle Einschätzung zu.

Kommen Sie auf diese konventionelle Methode zu keinem eindeutigen Ergebnis oder möchten Sie Ihren Verdacht bestätigt haben, so gibt es eine mittlerweile immer öfter praktizierte Methode, die Diagnose „Taubheit“ zu stellen: mittels Hirnstamm-Audiometrie (Electric Response Audiometry = ERA). Das Prinzip ist folgendes: der Hörnerv reagiert auf einen akustischen Reiz durch eine elektrische Spannungsänderung, es kommt zu einem sog. Aktionspotential. Diese Spannungsänderung läuft am Hörnerv entlang bis zum Gehirn, wo diese Spannungsimpulse das Hörempfinden auslösen. Beim hörenden Hund bildet sich dieses Aktionspotential auch während einer Narkose und kann gemessen werden (ähnlich wie die Messung der elektrischen Herzerregungsleitung im EKG).
Bei der Audiometrie wird nun das entstehende Aktionspotential des Hörnervs auf ein akustisches Signal hin gemessen und auf einem Bildschirm, bzw. einem Blatt Papier sichtbar gemacht. Der Hund ist dabei in Narkose. Ihm werden Kopfhörer aufgesetzt über die ihm für jedes Ohr Geräusche bestimmter Frequenzen und Wellenlängen eingespielt werden. Mittels dreier Elektroden, die an beiden Gehörgängen und auf dem Kopf fixiert werden, wird die Spannungsänderung beim hörenden Hund gemessen. Beim tauben Hund kommt es dagegen zu keiner Spannungsänderung (Vergleich EKG: beim Herzschlag bilden sich charakteristische Zacken, fehlt der Herzschlag, zeigt sich eine gerade Linie, die sog. Null-Linie).
Stellt sich heraus, dass Ihr Hund unter angeborener Taubheit leidet, sollten Sie auf jeden Fall Ihren Züchter und, wenn der Hund entsprechende Papiere hat, auch den Zuchtverband darüber informieren.

Noch ein Tipp zum Schluss

Erkennen Sie in einem Wurf mehrere Welpen mit angeborenen Fehlern (z.B. Knickrute, blaue Augen, Nabelbrüche..), ist die Wahrscheinlichkeit groß, dass einzelne Welpen angeborene Defekte haben (wie z.B. ein-/beidseitige Taubheit, Herzfehler, etc.), die nicht mit bloßem Auge erkennbar sind.

blaue Augen

Knickrute

Ergebnis von Jolas Audiometrietest

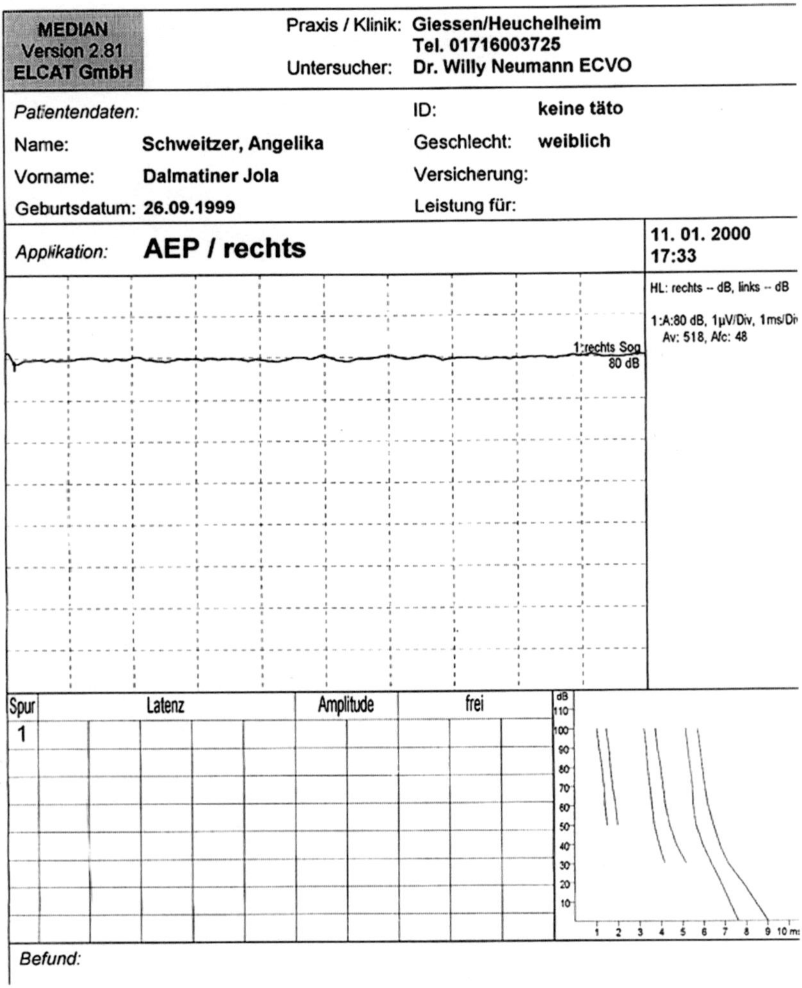

MEDIAN
Version 2.81
ELCAT GmbH

Praxis / Klinik: **Giessen/Heuchelheim**
Tel. 01716003725
Untersucher: **Dr. Willy Neumann ECVO**

Patientendaten:

ID: **keine täto**

Name: **Schweitzer, Angelika**

Geschlecht: **weiblich**

Vorname: **Dalmatiner Jola**

Versicherung:

Geburtsdatum: **26.09.1999**

Leistung für:

Applikation: **AEP / rechts**

11. 01. 2000
17:33

HL: rechts -- dB, links -- dB

1:A:80 dB, 1µV/Div, 1ms/Div
Av: 518, Afc: 48

Spur	Latenz					Amplitude		frei		
1										

Befund:

Gebt uns eine Chance!

Ich habe lange darüber nachgedacht
und mir so meine Gedanken gemacht.
Warum wollen uns so viele ums Leben bringen?
Wir wedeln doch auch, bellen und springen.

Wir können Bällchen bringen und den Mäuschen auflauern,
wir können sehen, fühlen und fürchterlich trauern.
Wir verstehen die Zeichensprache besser als unsere hörenden
Kameraden
und durch uns kommt auch keiner zu Schaden.

Vielleicht brauchen wir ein bisschen mehr Zeit,
doch wir bedanken uns dafür mit viel Zärtlichkeit.
Anstatt der Stimme brauchen wir Zeichen,
dann werden wir nicht von Eurer Seite weichen.
Ein bisschen Verständnis und ein wenig Gefühl,
dann finden auch wir uns zu recht in dem Lebensgewühl.

Ich bin taub, ich steh` dazu,
kämpft für unser Leben, bitte auch DU!!!!

Wesen und Entstehung der Taubheit

Zu entscheiden ist, ob ein Tier bereits seit Geburt taub ist (genetisch bedingt) oder ob die Taubheit im Laufe des weiteren Lebens aufgetreten ist (alters- und krankheitsbedingt).
Die angeborene Taubheit des Hundes tritt meist zusammen mit Genen der Weißpigmentierung (verstärkt in Verbindung mit blauen Augen) auf. Betroffen sind neben dem Dalmatiner auch noch viele andere Hunderassen.
Die Ursache der Taubheit kann entweder in einer fehlenden Schallübertragung (z.B. Gehörgangsverschluß) oder in einer Störung von Sensorik und/oder Nerven (sensorneural) liegen. Die am häufigsten auftretende Form beim Hund ist die angeborene, genetisch bedingte, sensorneurale Taubheit.

Das Hören

Geräusche wandern als Schallwellen durch die Luft. Zur Wahrnehmung dieser Schallwellen bedarf es der Übertragung durch das äußere und mittlere Ohr zum Innenohr, wo sie auf neurale Haarzellen treffen und in Impulse umgewandelt werden, die an das Gehirn weitergeleitet werden. Dort werden die ankommenden Impulse verarbeitet (Transduktion).

Die Taubheit

Die Konductionstaubheit (Konduction gleich Leitung, Übertragung) beruht auf einer Störung der Schallübertragung zur Schnecke. Ursächlich kommen ein Verschluß des Ohrkanals, fehlende oder verkümmerte Gehörknöchelchen sowie sonstige Entwicklungsstörungen (unvollständig oder fehlende Ausbildung) von Mittel- und Innenohr in Frage.
Die Konductionstaubheit kann in einigen Fällen durch einen chirugischen Eingriff korrigiert werden.

Die sensoneurale Taubheit beruht auf dem Verlust von Haarzellen der Schnecke. Unterschieden werden erworbene und vererbte Taubheit.

Die erworbene, angeborene, sensoneurale Taubheit beruht auf dem Kontakt mit auf das Gehör giftig wirkende Substanzen während der Embryonalzeit (z.B. Behandlung der Mutter mit bestimmten Arzneimitteln während der Trächtigkeit, Ohrentzündungen der Feten im Mutterleib etc.).

Die genetisch bedingte, angeborene, sensoneurale Taubheit findet sich vor allem bei Hunderassen mit erheblicher weißer Pigmentierung (sie besitzen das Scheckungs- oder Merle-Gen). Hier kommt es zum Verlust der Haarzellen aufgrund einer Degeneration der Blutversorgung der Schnecke: im mittleren Schneckengang befindet sich eine besondere Schicht, die Stria vascularis. Sie ist unter anderem verantwortlich für die Aufrechterhaltung des elektrischen Membranpotentials, das Voraussetzung für die Übertragung von Schallwellen auf die Haarzellen der Schnecke ist. Bei pigmentbedingter erblicher Taubheit ist die Stria vaskularis geschädigt. Als mögliche Ursache hierfür gilt das Fehlen von Pigmentzellen, die durch die o.g. Scheckungs- oder Merle-Gene unterdrückt werden. Die Pigmentzellen scheinen entscheidend auf die Erhaltung des elektrischen Membranpotentials und das Überleben der Stria einzuwirken. Ein Verlust der Haarzellen durch eine degenerierte Stria ist nicht reversibel, da Säugetiere nicht in der Lage sind Nervengewebe im Gehörgang zu regenerieren.
Untersuchungen beim Dalmatiner zeigen, dass sich das Hörvermögen bis zum Alter von 3 Wochen nach der Geburt häufig normal entwickelt und die Degeneration der Stria dann zu einem rapiden Verlust der Haarzellen führt. Aus diesem Grund sollten Hörtests erst durchgeführt werden, wenn der Hund mindestens 5 Wochen alt ist.

Viele Rassen sind von angeborener Taubheit betroffen, jedoch nicht bei allen ist eine genetische Disposition bewiesen. Bei der von Prof. Dr. Strain durchgeführten Untersuchung steht der Dalmatiner in der Taubheitshäufigkeit an erster Stelle. Ca. 30% sind ein- oder beidseitg taub (andere Rassen sind zwischen 8% und 20% betroffen). Einseitig taube Tiere sind 2-3 mal so häufig wie beidseitig taube Hunde.

Vererbung

Seit dem 19. Jahrhundert ist bekannt, dass Taubheit in Verbindung mit Pigmenten auftritt. Der genaue Vererbungsmechanismus ist allerdings immer noch nicht vollständig bekannt.

Die Erbanlagen (Gene) setzen sich paarig aus jeweils einem Gen der Mutter und einem Gen des Vaters zusammen.
Kommt von Vater und Mutter das gleiche Gen (z.B. das Scheckungsgen), spricht man von homozygotischen (=gleichartigen) Erbanlagen. Kommt ein bestimmtes Gen nur von einem Elternteil, spricht man von heterozygoten (= mischerbige) Erbanlagen. Erbanlagen können dominant (setzen sich immer oder meist sichtbar beim Nachkommen durch) oder rezessiv (setzen sich meist nicht sichtbar beim Nachkommen durch) vererbt werden.

Bei der Vererbung des Fellmusters beim Dalmatiner spielen zwei dominante Gene eine wichtige Rolle: das Scheckungsgen (Merle-Gen) und das Ticking-Gen.
Die Grundfarbe des Dalmatiners ist schwarz oder braun. Das Ticking-Gen produziert durch die weiße Farbe hindurch die schwarzen „Flecken“ und kontrolliert Dichte und Stärke der Flecken.

Das Merle-Gen ist für die Musterung des Felles mit hellen Haaren verantwortlich. Es überdeckt die schwarze oder braune

Grundfarbe. Da Dichte und Stärke der Fleckung vom Ticking-Gen kontrolliert werden, spielen Fleckendichte und -stärke für die Ausbildung einer Taubheit keine Rolle.

Hunde, die, das Merle-Gen betreffend, homozygotisch veranlagt sind, sind häufig taub, blind, steril oder völlig weiß. Für das Merle-Gen betreffend heterozygotisch veranlagte Hunde gilt: je mehr Weißanteil im Fell, desto wahrscheinlicher ist eine Taubeit!

Forschungen haben ergeben, dass Dalmatiner bezüglich des extremen Scheckungsgenes homozygotisch sind! Ausgehend von diesen Untersuchungen hat sich gezeigt, dass Taubheit bei Rassen mit Scheckungsgen weder einfach rezessiv, noch dominant auftritt. D.h., die Paarung zweier hörender Elterntiere kann, ebenso wie die Paarung zweier tauber Elterntiere, sowohl taube, als auch hörende Nachkommen hervorbringen.
In letzter Konsequenz bedeuten diese Ergebnisse, dass die Vererbung der Taubheit in Verbindung mit dem Scheckungsgen polygenetisch (gleich mehrere genetische Faktoren müssen zusammenkommen) bedingt ist.
Molekulargenetische Studien zeigen, dass Taubheit möglicherweise von einem Gen verursacht wird, das für die Regulierung der Scheckungsgene zuständig ist. Untermauert wird diese Theorie durch weitere Untersuchungen am Dalmatiner. Neugeborene Dalmatiner sind normalerweise weiß.
Welpen mit Platten (großer schwarzer oder brauner Fleck, schon bei der Geburt) weichen vom Rassestandard ab und sind daher in der Zucht nicht erlaubt. Diese Platten sind ein Zeichen für die schwache Ausprägung des extremen Scheckungsgens, was ein Überdecken der darunter liegenden Fellfarbe zur Folge hat. Statistisch gesehen sind Dalmatiner mit Platten weniger häufig taub als Hunde ohne.
Bei starker Ausprägung des extremen Scheckungsgens kommt

es zum Auftreten von blauen Augen, da das Gen das braune Pigment der Iris unterdrückt. Die Pigmentzellen in der Stria vascularis der Schnecke (siehe oben) fehlen. Das bedeutet, dass blauäugige Dalmatiner statistisch stärker betroffen sind als Dalmatiner mit braunen Augen. Dalmatiner mit blauen Augen sind nur in den USA zur Zucht zugelassen. Entsprechend ist das Vorkommen von Taubheit in Europa geringer als in den USA. Das Wegzüchten der blauen Augen hat das Auftreten von Taubheit beim Dalmatiner in Norwegen reduziert.

Dalmatinerwelpen wenige Tage nach ihrer Geburt

Das Kapitel basiert auf der Ausarbeitung "Congenital Deafness and its Recognition" von Prof. Dr. George M. Strain, Lousiana State University, Baton Rouge, Lousiana

sechs Wochen später

8 Wochen alt

Anatomie des Hundeohres

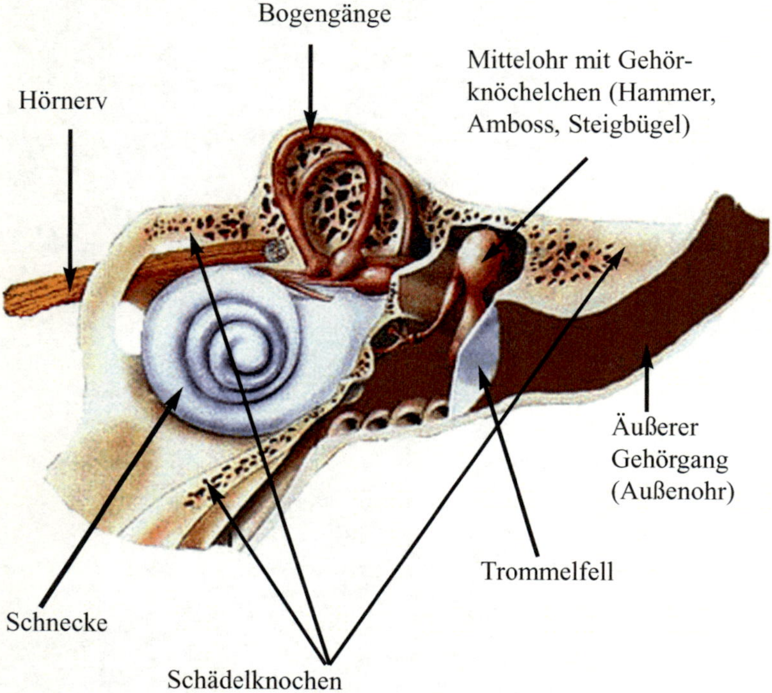

Mein Bruder kann hören

Mein Bruder kann hören, ich aber nicht,
doch das fällt gar nicht sehr ins Gewicht.
zwar versteh ich nicht oft, warum er das tut,
Egal, wenn ich Lust hab`, belle ich mit,
denn zusammen sind wir besonders fit.

Ich habe schon viele Tricks rausbekommen
und damit meinen Bruder auf die Matte bekommen.
Ich bin zwar taub, aber nicht blind,
was glaubt ihr, wie schnell ich was find.

Seinen Gesichtsausdruck hab` ich lange studiert,
wenn er nur anfängt zu denken, hab ich schon agiert.
Körper- und Zeichensprache sind mein Metier,
was meint ihr, was ich damit alles versteh.

Meinen Bruder, den hab ich voll in der Hand,
den stell ich mit Leichtigkeit an die Wand.
Bei uns beiden hab` ich die Hosen an,
es gibt kaum etwas, was ich nicht kann.

Wer eine Sekunde nicht aufpasst, hat schon verloren,
denn ich hab`s faustdick hinter den Ohren.
Ich liebe das Leben und finde es toll,
auch wenn ich taub bin, nehmt mich bitte für voll!!!!!

Tauber Hund und Kinder

Taube Hunde sind von Natur aus schreckhafter als hörende, einfach deshalb, weil sie flüchtige Berührungen nicht orten können. Das heißt nicht, dass sie so schreckhaft bleiben, denn durch Übung und Gewöhnung kann auch ein tauber Hund viel von seiner Schreckhaftigkeit verlieren. Erwachsene können das Problem einschätzen - Kinder nicht, denn es liegt einfach in der kindlichen Natur, spontan zu sein und sich hin und wieder ein Späßchen zu erlauben. Kinder denken nicht darüber nach, ob es gerade angebracht ist, den Hund zu streicheln - sie tun es einfach, wenn ihnen danach ist. Dies wiederum kann bei einem tauben Hund, der nicht in der Lage ist, die Kinder frühzeitig herannahen zu hören, bleibenden Schaden anrichten.

Besonders, wenn ein tauber Hund tief und fest schläft, ist er quasi von seiner Außenwelt abgeschnitten. Bei plötzlich auftretenden, starken Schwingungen, Vibrationen oder Berührungen kann er deshalb panikartig reagieren. Er kann diese Störung zunächst nicht einschätzen.

Jola ist jetzt zwei Jahre alt und ist durch ständiges einfühlsames Training an solche Situationen gewöhnt. Trotz dieser Gewöhnung und obwohl sie von Natur aus nicht ängstlich ist, kann sie auch heute noch eine unerwartete Berührung aus der Fassung bringen. Ich bin immer wieder sehr erstaunt, wie hektisch sie reagieren kann, wenn ihr z.B. eine Fliege über den Rücken krabbelt. Die Berührung kommt für sie nicht nur völlig unerwartet, sie kann den Störenfried unter Umständen auch nicht mit den Augen ausmachen. Es dauert dann eine Weile, bis sie sich wieder entspannt.

Der hörende Hund würde erst das Summen der Fliege hören und das Kitzeln dann mit der Fliege in Verbindung bringen können.

Ich bin der Meinung, dass Kinder mindestens das Schulalter

erreicht haben sollten, bevor man einen tauben Hund aufnimmt. Nicht, weil der taube Hunde keine Kinder mag (nein, Jola liebt Kinder über alles), sondern weil Kinder in ihrer kindlichen Art unberechenbar sein können.
Mein Sohn war 8 Jahre alt, als wir Jola bekamen, er konnte die Problematik verstehen und aufgestellte Regeln einhalten (z.B.: berühre den schlafenden Hund nicht, ohne Dich vorher vorsichtig bemerkbar gemacht zu machen).
Auch war er alt genug, um die Zeichen richtig anzuwenden, denn es ist unumgänglich, dass die ganze Familie die Zeichensprache beherrscht und richtig anwendet: die Korrektur falschvermittelter Zeichen ist beim tauben Hund oft schwieriger als beim hörenden. Durch die unbelastete Art, mit der Kinder mit ihrer Umwelt umgehen, fällt es ihnen oftmals leichter als Erwachsenen, sich auf die nonverbale Verständigung mit dem Hund einzulassen.

Der Tiefschlaf des tauben Hundes
– eine eigene Welt -

Ein tauber Hund hat einen besonders tiefen und festen Schlaf. Da er ja nichts hören kann, ist er, während er schläft völlig entspannt. Hörende Hunde werden durch Geräusche jederzeit wach, selten schlafen sie so fest, dass man sie nicht durch einen Zuruf wachbekommen könnte. Bei manchen hörenden Hunden hat es den Anschein, dass sie überhaupt nie schlafen.

Ein tauber Hund der wach wird, benötigt erst einige Sekunden, um wieder zu sich zu kommen. Man kann ihn nur durch Berührungen oder durch Vibrationen aufwecken. Unsanfte und unerwartete Berührungen können den Hund aufschrecken und völlig konfus werden lassen. Deshalb ist es sinnvoll, den tauben Hund von Anfang an öfter absichtlich zu wecken und ihn dann mit etwas Schönem zu belohnen und zu streicheln. Das sollte man mit allen Familienmitgliedern trainieren.

Ein tauber Hund muss sozusagen für unerwartete Berührungen (im Schlaf) desensibilisiert werden.

Trotz des Trainings gibt es im Erwachen von Jola und Bongo immer noch Unterschiede.

Bevor wir ins Bett gehen, lassen wir Jola und Bongo noch einmal hinaus in den Garten. Um diese Zeit ist Jola immer schon tief und fest eingeschlafen. Bei Bongo genügt ein leises „auf, Pippi machen!“, Bongo räkelt sich dann erst und erhebt sich gemächlich. Bei Jola ist mindestens eine sanfte Berührung nötig. Jola springt dann schlagartig auf und aus ihrem Körbchen. Sie nimmt sich keine Zeit erst wach zu werden, sondern läuft einfach los. Manchmal taumelt sie buchstäblich, wenn sie aus dem Körbchen springt und mit verknautschtem Gesicht losrennt.

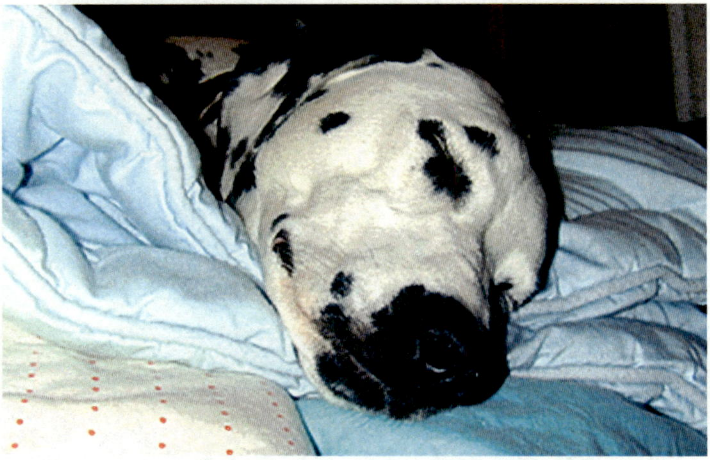

Jola hat sich ein weiches Plätzchen zum Schlafen gesucht

genauso gut schläft sie auf hartem Untergrund

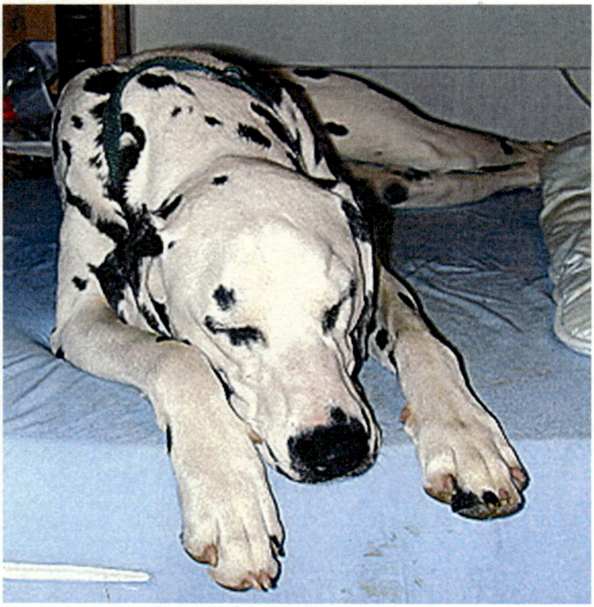

Jola auf ihrer Lieblingsmatratze

und ihre manchmal etwas seltsame Schlafposition

Kommunikation als Basis-Mittel der Sozialisierung

Kommunikation steht auf vier wichtigen Säulen: Sehen, Hören, Riechen und Fühlen.
Egal ob Mensch oder Tier: ein soziales Miteinander ist ohne Kommunikation nicht möglich. Durch Kommunikation werden Grenzen, Aufforderungen, Abneigungen oder Vorlieben genauso vermittelt, wie Rangordnungsfragen u.v.a.m. Anders formuliert: wir kommunizieren, um Gefühle und Absichten auszudrücken.
Um diese Gefühle und Absichten auszudrücken, ebenso um sie zu verstehen, setzt der Hund (wie jedes andere soziale Lebewesen auch) verschiedene Mittel ein: er sendet und empfängt von seinem Gegenüber ständig optische, akustische, olfaktorische und taktile Signale. Das Zusammenspiel dieser vier Säulen der Kommunikation führt dann - nach einem entsprechenden Lern- und Erfahrungsprozess - zu einem Gesamtbild, das der Hund erkennt und entsprechend deutet. Diesen Lernprozess durchläuft der Hund i.d.R. im ersten Lebensjahr. Fehlt dem jungen Hund diese Möglichkeit der frühen Soziali-

sierung, fällt es ihm gewöhnlich schwerer, richtig, v.a. konfliktvermeidend oder - bereinigend, mit anderen Hunden (aber auch Menschen) umzugehen.
Mimik und Körperhaltung geben einen visuellen Hinweis auf die Stimmung des Gegenübers; Nase kräuseln, Zähne blecken, Ohr- und Rutenstellung lassen ebenso tief blicken, wie gesträubtes Fell oder steifer Gang.
Töne, wie Knurren, Bellen, Fiepen, Seufzen haben durchaus Signalwirkung.
Der individuelle Geruch durch Sexualhormone löst geschlechtsspezifisches Verhalten aus. Darin begründet ist nicht nur das Paarungsverhalten, sondern auch die gleichgeschlechtliche Rivalität.
Dominanz-, bzw. Unterwürfigkeitsgesten beruhen v.a. auf taktilen Signalen. Dazu gehören u.a. Schnauzenstoß, Pfote auflegen, Schnauzengriff, Kopf auflegen oder auch das Aufreiten, das in den wenigsten Fällen Ausdruck übermäßigen Sexualverhaltens, sondern meist ein Zeichen für eine stark ausgebildete Dominanz ist.
Um Unklarheiten zu vermeiden, ist das Zusammenspiel aller Mittel der Kommunikation notwendig. Nur, wenn es im kommunikativen Miteinander keine Missverständnisse gibt, kann der Hund richtiges Verhalten im Umgang miteinander lernen. Fällt auch nur eine dieser vier Säulen weg, z.B. das Hören, ist es für den Hund schwierig, das Kräuseln der Nase und die gebleckten Zähne richtig zu deuten, denn sie könnten einerseits Aufforderung für ein wildes Balgespiel sein, andererseits aber auch die ernsthafte Androhung von Gewalt. Die Variationsbreite des Knurrens und Bellens, die den Unterschied zwischen Spiel und Ernst mitcharakterisiert, kann der taube Hund nicht erfassen. Ebenso muss der blinde Hund lernen, dass Knurren und Bellen einer Spielaufforderung vom Knurren und Bellen einer Drohung zu unterscheiden, da er die spielauffordernde

Körperhaltung und Mimik (tiefer Rumpf, hohes Hinterteil und hohe Rute, aufgestellte Ohren) nicht erfassen kann.

Da der taube Hund nur auf drei der vier Säulen der Kommunikation zurückgreifen kann, ist es um so wichtiger, dass er früh mit anderen Hunden der verschiedensten Rassen zusammenkommt. Zu bedenken ist auch bei vielseitig „kommunikativgeschulten“ Hunden, dass es beim Zusammentreffen mit fremden Hunden physiognomisch benachteiligter Rassen (Bernhardiner, Boxer, Bulldogge, Dogge, Pekinese, etc.), also Hunden, die über eine nur schwach, wenn überhaupt, ausgebildete Mimik verfügen, zu Missverständnissen kommen kann, die in einem Konflikt enden.

Jola im Spiel mit Bongo

Aus Jolas Trickkiste

"Es ist sehr früh, genau gesagt, es ist vor sechs Uhr morgens. Bald steht Herrchen auf. Draußen ist noch alles dunkel. Mein Bruder schläft noch tief und fest und irgendwie fühle ich mich ein wenig einsam. Aus Experimenten weiß ich, wie ich es anstellen muss, damit mein Herrchen aufwacht und runterkommt und genau das werde ich jetzt machen, denn ich ertrage es einfach nicht von Schlafenden umgeben zu sein!" Und so kehrt in ein Haus wieder Leben ein:

Schritt 1: Man wecke seinen Bruder, indem man so lange vor ihm auf und ab läuft, bis er eeeeeendlich die Augen aufschlägt - Verstärkung kann nicht schaden -.

Schritt 2: Man setze sich vor die Küchentür und beginne sachte mit den Pfoten an der Tür zu kratzen (die Küchentür ist sowieso meine Lieblingstür, weil es da immer Frühstück gibt und außerdem kann ich nur hier mit der Hilfe meines Bruders rechnen, der immer nur ans Fressen denkt). Durch diese Aktion wird Herrchen wach und kann nicht mehr einschlafen. Da er mittlerweile aber die Erfahrung gemacht hat, dass ich, wenn ich an der Küchentür kratze, nicht wirklich raus muss, bleibt er zu meinem Leidwesen liegen.
Deshalb gehe ich zu Schritt drei über:

Schritt 3: Nachdem durch das permanente Kratzen an der Küchentür sichergestellt ist, dass mich Frauchen und Herrchen gehört haben und Bongos „ich–hab-auch-Hunger-Programm" läuft, laufe man zur Terrassentür und kratze dort von Neuem. Das wirkt eigentlich immer. Manchmal muss ich schon ordentlich feste und lange kratzen, aber der Erfolg stellt sich irgendwann immer ein. Bongo hilft mit, indem er in einem feinen und nervendem Ton winselt. Ich kratze, er winselt - das bewirkt wahre Wunder -.

Irgendwann kommt Herrchen dann die Treppe herunter. Er öffnet die Terrassentür, um uns hinauszulassen – könnte ja sein, dass wir mal müssen. Doch mein Bruder und ich verziehen uns dann wieder in unsere Körbchen und schlafen eine Runde. Ist schließlich viel zu kalt so früh am Morgen im Garten ...., außerdem will ich ja nur Gesellschaft und ein wenig Leben um mich haben.

Der Trick mit der Terrassentür klappt jedenfalls immer, denn das Risiko, dass wir es dieses Mal mit dem Austreten wirklich ernst meinen könnten, ist Herrchen viel zu groß.

Genauso habe ich Tricks, wenn ich der Meinung bin, dass wir einen Spaziergang machen sollten.

Wenn ich also den richtigen Zeitpunkt für gekommen halte, räume ich die Decke aus meinem Korb und ziehe diese dann mitten in den Flur. Da lege ich mich dann drauf, so ganz lang ausgestreckt, damit ich auch wirklich nicht übersehen werde. Mein Frauchen fällt dann zwar immer fast über mich, aber verzweifelte Situationen erfordern verzweifelte Maßnahmen und auf Bongo kann ich in diesem Fall leider nicht zählen. Wenn dieser Wagemut nichts nützt (mein Frauchen durchschaut mich ja schon recht gut), dann hole ich mir irgendetwas von oder aus den Schränken oder dem Papierkorb, eben alles, was ich gerade finden kann. Das schleppe ich dann in die Nähe meines Frauchens und kaue ordentlich darauf rum, bis sie es bemerkt und mir abnimmt. Wenn dann immer noch nichts passiert, fange ich an zu jaulen, ganz wehleidig und renne immer zur Haustür. Ich stoße dann schwungvoll gegen die Tür, damit es einen ordentlichen Schlag tut und renne wieder zurück. Wenn ich hartnäckig genug bin, ist mein Frauchen irgendwann so genervt, dass sie früher als sie geplant hatte mit uns Gassi geht.

Manchmal empfinde ich es als großen Vorteil, dass ich taub bin und meine Aktionen selbst nicht hören kann.
Ich glaube, ich könnte mich sonst womöglich selbst nicht mehr leiden.

Freunde fürs Leben

Was Besseres als Freunde kann es nicht geben,
Freunde sind unheimlich wichtig in meinem Leben.
Auf Freunde kann ich wirklich bauen,
ich kann ihnen mein Leben anvertrau`n.

Ohne Freunde möchte ich niemals sein,
denn dann wär` ich ja ganz allein.
Keiner, der mit mir über die Wiesen jagt.
Keiner, der mir ehrlich die Meinung sagt.
Keiner, der um mein Stöckchen kämpft,
keiner der meinen Enthusiasmus dämpft.
Keiner, der mit mir im Auto fährt.
Keiner , der mir mal was erklärt.
Keiner, der mit mir um die Wette schwimmt.
Keiner, der sich Zeit für mich nimmt.
Keiner, der mich tröstet und wärmt.
Keiner, der mit mir vom Fressen schwärmt.
Keiner, der mit mir Blumen ausbuddelt.
Keiner, der am Abend mit mir knuddelt.

Mit echten Freunden ist das Leben doppelt schön,
wer Freunde hat, kann mich sicher versteh`n !

Herumtollen
mit der Molosser-
Hündin Paula

Toben mit
Schäferhund Lito

Gemeinsames
Warten mit den
Kurzhaar-Collies
Terra, Mable,
Robin, Mac, dem
Hütehundmischling
und Bruder Bongo,
auf Leckerchen

Jola im Spiel mit anderen Hunden

Einerseits ist Jola in ihrem Verhalten anderen Hunden gegenüber eine typische Hündin. Schwächere werden in einer Mischung aus Spiel und Ernst unterworfen, Stärkeren unterwirft man sich selbst (wenn es halt gar nicht anders geht), oder hält sie wild in die Luft schnappend und mit gebleckten Zähnen auf Abstand, um sie im weiteren Verlauf des Zusammenseins völlig zu ignorieren. Letzteres wendet sie v.a. bei Rüden an. Gleich starke Hündinnen werden ignoriert oder zum Spielen animiert, um dann spielerisch die Fronten zu klären. Andererseits zeigt Jola im Spiel mit anderen Hunden doch eine geringfügige Verhaltensabweichung, die sicherlich auf ihre Taubheit zurückzuführen ist.

Jeder Hund stellt sich auf die Spieltaktik seines Spielpartners ein (die einen mehr, die anderen weniger). Es gibt Hunde, deren größte Freude Fangspiele sind, wobei sie ihren Spielpartner nicht einmal berühren. Andere bevorzugen den Nahkampf und bemühen sich, den Partner nieder zu ringen. Die Signale, die jeder Hund dabei aussendet, sind - rasseabhängig - mehr oder weniger deutlich und setzen sich zusammen aus akustischen, visuellen und taktischen Signalen. Jeder Hund lernt diese Signale in den ersten Wochen seines Lebens entsprechend zu deuten. Ein Hochziehen der Lefze kann zu erhöhter Vorsicht mahnen, wenn zusätzlich ein leises Knurren zu hören ist. Das gleiche visuelle Signal ohne Knurren oder mit einem anderen Laut kann aber auch zum Spiel auffordern. Der Bernhardiner kann die Lefze nicht deutlich hochziehen, aber sein Knurren

spricht für die meisten Hunde Bände – sofern sie das Knurren hören können. Ein, die Nase kräuselnder laut knurrender, Hund mit gebleckten Zähnen kann spielen. Dann wird er nur so fest zubeißen, wie es das Spiel als solches (oder der Spielpartner) zulässt. Sein Partner merkt sehr schnell, wenn aus dem Spiel ernst wird, nämlich dann, wenn das taktile Signal „Biss" fester wird, die Körperaktionen ruppiger werden und sich die akustischen Signale ändern (auch Knurren ist nicht gleich Knurren), das Verhalten plötzlich in ein reines Unterwerfungsritual übergeht.
Die Tatsache, dass der taube Hund diese akustischen Änderungen nicht wahrnehmen kann, bedeute zweierlei: geht sie im Spiel zu weit, bedarf es mehr Aktion des Spielpartners. Um ihr dies zu verdeutlichen wird das Spiel (im Eifer des Gefechts) temperamentvoller, kann es vorkommen, dass sie Spielaktionen als „ernst" missversteht und ihrerseits ernst darauf reagiert, bzw. verunsichert das Spiel abbricht.
Auch Jola hat mit diesen Problemen zu kämpfen. Jedoch lernte sie von klein auf, die Gestiken und Mimiken anderer Hunde zu

deuten, so dass etwaige Verunsicherungen nur ganz angedeutet auftauchen und sie diese Konflikte sehr schnell (innerhalb von Sekunden) und selbständig lösen kann. Die Tatsache, dass Jola stets mit anderen Hunden zusammen ist, die außerdem verschiedenen Rassen angehören (deren Physiognomie, wie z.B. Hängelefzen, die alleinige visuelle Kommunikation einschränken) hat ihr die soziale Kommunikation erheblich erleichtert.

Der Bettelkönig

Niemand kann wohl so betteln wie er
richtig gebettelt ist auch sehr schwer.
Nach dem Motto: steter Tropfen höhlt den Stein,
muss man äußerst ausdauernd sein.

Doch das fällt ihm nicht sonderlich schwer,
er klebt am Opfer wie flüssiger Teer.
Verfolgt wird der Bissen auf Schritt und Tritt,
in Gedanken kaut er tatsächlich schon mit.

Sein Blick folgt gierig der führenden Hand,
er sitzt da und stiert wie gebannt,
voll Hoffnung, etwas zu erhaschen,
um es genüsslich dann zu vernaschen.

Dabei kann er so leidend schauen
und nur mit den Augen den Bissen klauen.
Wenn das nicht hilft, fängt er zu handeln an
zeigt seine Tricks, die er so kann.
Versucht zu tauschen, Plastiktüte gegen Brot,
macht Männchen gar in seiner Not.

Tatsächlich hat er manchmal Glück,
bekommt auch wirklich dann ein Stück.
Da ich die Tricks auswendig kenne,
pass ich auf, dass ich nix verpenne.

Mit Argusaugen sehe ich dem Treiben zu,
um zu reagieren im Nu.
Denn wenn seine Show erfolgreich war,
steh ich parat, ist ja ganz klar.

Tauber Hund als Zweithund?

Diese Frage hatte ich mir auch gestellt. Ich hatte Bedenken, dass Bongo Verständigungsprobleme mit Jola haben würde. Doch Bongo lernte sehr schnell mit dieser Situation umzugehen und für Jola war Bongo eine große Hilfe. In der ersten Zeit hing sie an ihm wie eine Klette. Sie legte sich zum Schlafen mit in sein Körbchen, folgte ihm auf Schritt und Tritt. Wo Bongo war, war auch Jola nicht weit. Wenn man sich als Zweithund für einen tauben Hund entschließt, sollte der erste Hund jedoch eine gute Erziehung genossen haben, bzw. unbedingt den Grundgehorsam beherrschen, denn ein tauber Hund orientiert sich besonders stark am hörenden Hund.
Nach anfänglichen Schwierigkeiten kam Bongo mit der kleinen tauben Jola gut zurecht.
Besonders bei Spaziergängen merkte ich, dass Jola, die bis dahin noch keine Zeichen gelernt hatte, Bongo anfangs mehr im Auge hatte als mich. Rief ich Bongo, kam auch Jola automatisch zu mir - wenn sie es bemerkte. Es gab für beide dann immer ein Leckerchen und so verstand Jola sehr schnell, dass es, wenn sie auch etwas abbekommen wollte, klug ist, mit Bongo zu mir zu kommen. Hätte man jetzt einen Hund, der nicht sonderlich erzogen ist, hat man früher oder später zwei Hunde, die ihre eigenen Wege gehen und dass kann, gerade, wenn einer davon taub ist, ins Auge gehen. Einen tauben Hund

muss man (wenn er frei ohne Leine läuft) ständig im Auge behalten, einfach, um mit ihm für die Zeichen in Sichtkontakt zu bleiben. Man muss immer mit unvorhergesehen Dingen rechnen, wie z.B.auf befahrenen Feldwegen: Traktoren, Jogger, Fahrradfahrer ...., denn der taube Hund hört deren Herannahen ja nicht.

Wenn Jola vor etwas große Angst hatte, z. B. vor einem riesigen Holzstapel (sie kläffte diesen in den wildesten Tönen an), dann schickte ich Bongo dorthin, um ihr zu beweisen, dass dort nichts Gefährliches auf sie wartete. Genauso half mir Bongo dabei, Jola in den ersten Wochen stubenrein zu bekommen. Sie ging am Anfang nur ungern alleine in den Garten, bei Dunkelheit bekam sie zuerst regelrechte Panikattacken. Dunkelheit war ihr unheimlich. Erst wenn ich Bongo vorschickte, kam sie ziemlich schnell nach. Mittlerweile macht ihr Dunkelheit nichts mehr aus und es kommt heute nur noch sehr selten vor, dass sie auf etwas trifft, was ihr Angst macht.
Durch den Ersthund ist es anfangs auch leichter dem tauben Hund die Sichtzeichen beizubringen. Er schaut sich das von dem anderen ab und macht vieles intuitiv nach. So kann man dann z.B. das Kommando „Sitz“ sagen und parallel das passende Sichtzeichen geben. Es ist faszinierend, wie schnell auch der hörende Hund die Sichtzeichen beherrscht.

Der Sprung

Mit Elan und Muskelkraft,
haben wir`s so hoch geschafft.
Ich und Bongo, auf die Plätze......
machten wir ganz hohe Sätze.

Wenn ich doch nur Flügel hätt`,
ach, was wäre das so nett.
Ganz hoch oben, diese Wonne,
in den Wolken, bei der Sonne.

Doch der Nachteil dieser Sache,
ist, egal was ich auch mache,
dass man wieder runter fliegt,
da nun mal die Schwerkraft siegt.

Ich erkenn` mit leichter Trauer,
dass die Flugzeit ist von kurzer Dauer.
Ich bin halt als Hund geboren,
hab im Himmel nichts verloren.

Jola beim Tierarzt

Wenn ich mit Jola zum Tierarzt gehen muss, sei es für eine Impfung oder für eine allgemeine Untersuchung, ist mir immer recht mulmig zumute. Einmal, weil es schwierig ist, Jola zu beruhigen und andererseits, weil es anderen Menschen – selbst den meisten Tierärzten - oft recht schwer fällt, sich in einen tauben Hund hineinzuversetzen. Jola nimmt äußere Eindrücke v.a. mit Nase und Augen wahr. Wenn ich mit Bongo zum Tierarzt gehe, kann ich schon im Vorfeld beruhigend auf ihn einsprechen, was sich sicherlich positiv auf ihn auswirkt. Das kann ich bei Jola nicht. Ist Jola unsicher und ängstlich, und das ist sie bei jedem Tierarztbesuch, empfindet sie jede Berührung ohne den nötigen Sichtkontakt als bedrohlich. Da es im Wartesaal beim Tierarzt viel Neues zu sehen gibt, ist es manchmal schwierig mit ihr in Sichtkontakt zu treten.

Einmal hatte Jola ziemlich hohes Fieber. Natürlich wurde beim Tierarzt noch mal Fieber gemessen. Ich weiß nicht warum, aber das Fieberthermometer war kaum eingeführt, als sie panisch anfing in den höchsten Tönen zu schreien. Das Thermometer war längst wieder entfernt worden, aber sie schrie immer weiter. Wir waren alle schockiert, das Fiebermessen war nicht schmerzhaft gewesen, aber für Jola musste es wohl entsetzlich erschreckend gewesen sein. Ich versuchte, sie zu streicheln und auf sie einzureden, obwohl ich wusste, dass sie meine besänftigen Worte nicht hören konnte. Ich wollte ihr irgendwie vermitteln, dass alles vorbei ist, aber es dauerte ungewöhnlich lange, bis sie sich wieder beruhigt hatte. Gerade in solchen Momenten empfinde ich es als sehr schlimm, dass sie taub ist.

Jola ist beim Tierarzt immer auf das äußerste angespannt. Wenn einmal etwas verbunden werden muss, zuckt sie regelrecht zusammen: ob es eine desinfizierende Salbe ist, ob es der Verband ist oder ob man nur ein Körperteil, z.B. ein Bein, fixiert.

Manchmal hat man das Gefühl, sie bekommt vor lauter Aufregung gleich einen Herzinfarkt, so schnauft und zittert sie. Wenn aber wieder alles vorbei ist und sie wieder auf den Boden darf, ist die Welt wieder in Ordnung. Klar, sie marschiert dann gleich zur Tür, um schnellstmöglich nach draußen zu gelangen, aber sie nimmt auch schnell noch das Leckerchen mit, das der Tierarzt ihr reicht.
Wenn wir die Praxis verlassen haben und auf der Straße stehen, hat sie den Schreck auch schon wieder vergessen. Die eingeklemmte Rute wird schnell elegant in die Luft geschwungen, die Augen blicken wieder lebenshungrig in die Welt und ihre zurückgelegten Schlappohren stehen wieder so, als würden sie alles hören, was es zu hören gibt.

Eine tolle Sache ....

Einen Bruder zu haben ist eine tolle Sache,
denn ganz egal, was ich auch mache,
er ist einfach da, auf der Stelle,
besonders dann, wenn ich 1 x kurz belle.
Pfeilschnell kommt er dann um die Ecke gejagt,
um zu sehen, was mich mal wieder plagt.

Auch wenn er Niemanden sieht, bellt er wie wild,
bis unser Frauchen ihn dann laut schilt:
“Ruhe hier, nicht`s will ich hören,
musst Du denn immer die Nachbarn stören?”.

Ich schau dann immer ganz unschuldig daher
und freue mich über meinen Sieg immer sehr,
denn das ist mal wieder so typisch “Mann”,
der immer meint, dass er alles besser kann!

Der Wespenausflug

erzählt von Mac

Diese Erzählung soll sozusagen den Empfindungsunterschied zwischen einem hörenden und einem tauben Hund verdeutlichen. Jola hat dieses Erlebnis ganz anders verkraftet als Mac.

Es war ein wunderschöner Sonntagnachmittag im Spätsommer. Wir gehen täglich spazieren, mein Frauchen und ich, aber der Sonntag, das spüre ich immer ganz genau, ist irgendwie etwas besonderes, da treffen wir beim Spaziergang auch viel mehr Leute als sonst. Besonders dolle hab‘ ich mich gefreut, als ich merkte, dass wir wieder mit Bongo und Jola unterwegs sein sollten. Wie immer bin ich „böse“ kläffend auf die beiden zugerast. Hihi, Bongo erschreckt sich da immer ein bisschen und tut so, als hätt‘ er mich nicht gesehen und ich rase dann gerade noch mal auf ihn zu und tu‘ so, als wollte ich ihm in den Hintern beißen. Da ist er immer so verunsichert, weil er selbst nach den zwei Jahren, die wir uns nun kennen noch immer nicht genau weiß, ob ich ihn wirklich beißen will oder nicht. Das finde ich ja immer wieder soooo witzig, hehe, na und dann stürze ich Jola hinterher, weil, wenn sie mein Frauchen sieht, begrüßt sie Jola immer, bevor sie mich begrüßt und rast da hin und so, na und da renne ich immer mit, knurrend wie ein Bär, und tu so, als wollt‘ ich sie am Nacken festhalten, aber das macht bei Jola nicht wirklich Spaß, weil die von meinen Tönen irgendwie gar nicht beeindruckt ist. Also irgendwie respektlos,

na und dann rempele ich sie halt ein bisschen an, hole mir von meinem Frauchen als erster ‘ne Streicheleinheit und dann ab ins Grüne und mit den Beiden über die Wiesen jagen.
Ach, der Spaziergang war so schön. Über eine Stunde sind wir über Felder und am Wald entlang gerannt, dann haben wir Stöckchen aus dem Bach geholt und sind durchs Wasser gerast und waren so richtig schön nass! Okay, Bongo und ich waren auf dem Rückweg dann schon etwas geschlaucht und trabten oder schritten vor und hinter und neben unseren Frauchens her, nur Jola, als hätte sie tausend Hummeln im Hintern, raste wie eine Wilde, vor und zurück und vor und zurück.
Manchmal machen wir uns alle einen Jux mit ihr. Wenn sie mal wieder hundert Meter voraus und um die nächste Ecke prescht, dann verstecken wir vier, also Bongo, unsere Frauchens und ich, uns am Waldrand oder hinter einem Busch und warten darauf, dass Jola bemerkt, dass wir weg sind. Wir machen uns dann immer ganz klein und sind ganz still, und freuen uns tierisch, wenn Jola in einem Affenzahn an unserem Versteck vorbei flitzt, aber leider kriegt sie uns immer irgendwie in die Nase und findet uns ganz schnell wieder. Schade, öfter als einmal pro Spaziergang kann man dieses Spiel nicht mit ihr spielen, weil sie nach dem ersten Mal aufpasst wie ein Luchs, dass wir uns nicht wieder verstecken, aber spätestens beim nächsten Mal kriegen wir sie wieder dran, die kleine Rakete.
An diesem wunderschönen Spätsommer-Nachmittag ist allerdings was ganz Schreckliches passiert. Wir hatten unseren Spaziergang schon fast beendet, da entschieden unsere Frauchens, dass es viel schöner wäre, auf der Wiese am Bach entlang, statt auf dem Feldweg zu gehen, damit wir Hunde vielleicht noch mal ein Schlückchen trinken konnten. Dummerweise war das Bachufer ziemlich zugewuchert und so mussten wir ein Weilchen laufen, bis wir eine Lücke im Gebüsch fanden, um zum Wasser zu gelangen. Jola war natürlich wieder die

Erste, und ehe wir uns versahen, machte es „Platsch“ und Jola war schon drin im kühlen Nass. Erstaunlicherweise kam sie aber sehr schnell wieder raus und guckte dabei irgendwie seltsam aus ihren blauen Augen. Mein Frauchen schnappte sie sich gleich und beruhigte sie. Jolas und Bongos Frauchen Angelika versuchte, ihr irgendwas vom Hinterteil zu wischen. Aber ich dachte, dass ihr das mal recht geschieht, dass sie sich vor‘m Wasser so tüchtig erschreckt, dann rast sie das nächste Mal vielleicht nicht so frech voraus. Während Bongo noch irgendwo auf der Wiese schnupperte, lief ich zum Bach, um mich etwas zu erfrischen, aber ich war noch nicht bis ans Wasser gekommen, da hörte ich ein sehr seltsames Geräusch. Es war so eine Mischung aus Summen und Brummen, klang irgendwie bedrohlich und wurde immer lauter, aber außer ein paar fliegenden Insekten, die mit ihren gelb-schwarzen Streifen so richtig lustig aussahen, konnte ich nichts ausmachen. Doch plötzlich tat es überall an meinem Körper weh und da dachte ich nur noch „nix, wie weg von hier!“ und raste in Bongos Richtung, vorbei an Jola und den Frauchens, die immer noch versuchten, Jolas Hintern von irgend etwas zu befreien. Mein Frauchen muss mich aus den Augenwinkeln gesehen haben, denn auf einmal schrie sie „Weg hier! Hier ist ein Wespennest!“ und dann rannten wir alle in Richtung Feldweg. „Aha!“ dachte ich, „Das sind also Wespen, die fliegen und summen und weh tun.“ und hatte mit meinen 6 ½ Jahren wieder was dazu gelernt. Die Wespen waren furchtbar! Die müssen sich in mein Fell gesetzt und gestochen haben, denn mir tat alles weh, und dieses Brummen die ganze Zeit – es war grausam! Ich hab‘ dann versucht, mich im Gras zu wälzen, um die Viecher los zu werden, aber das Brummen und damit die Wespen blieben. Bis zum Auto haben sie uns verfolgt, mein Frauchen haben sie zweimal in den Oberschenkel gestochen, als sie versuchte, mir zu helfen, Angelika ist auf die Nase gefallen und Bongo und Jola ging es auch nicht besser als mir. Irgendwie und nach einer Ewigkeit, schaffte mein Frauchen es, mich ohne Wespen ins Auto zu schaffen – dachte sie zumindest, denn wir waren noch keinen Kilometer gefahren, da hörte ich schon wieder dieses bedrohliche Brummen und irgendwo aus meinem Fell kam so ein Monstrum gekrochen und summte an der Autoscheibe herum. Na, da bin ich aber vielleicht aufgesprungen! Zu Hause hat Frauchen mich dann zehn Minuten unter die kalte Dusche gestellt, damit die Stiche nicht so anschwellen, hat sie gesagt. Na, also gefallen hat mir das nicht, aber ehrlich, ich war so fix und fertig und mein ganzer Körper schmerzte so stark, dass ich alles widerstandslos über mich ergehen ließ. Nach der Dusche wollte ich dann nur noch bei Frauchen sitzen und hätte mich wirklich gerne so richtig von ihr knuddeln lassen, aber ich hatte bestimmt zwanzig Wespenstiche, überall verteilt und es war mir ganz lieb, dass sie mich nur ein bisschen am Kopf gestreichelt hat, v.a., als nach etwa fünf Minuten noch mal zwei Wespen irgendwo aus meinem Fell gekrabbelt kamen. Ha, gestochen haben die nicht mehr, die waren so torkelig, weil denen ist bestimmt der blöde Stachel eingefroren, als sie mit mir kalt geduscht haben. Frauchen hat sie PLATT gemacht und dann hat sie mich mit ganz lieben Worten getröstet, dass ich doch ihr armer kleiner, allerliebster Stinker bin und da ging's mir doch gleich wieder etwas besser. Dann hat sie abwechselnd das nasse Handtuch, mit dem sie meinem schmerzenden Körper Linderung verschaffte und das Handtuch, mit dem sie ihren Oberschenkel bedeckt hat, frisch gekühlt und gesagt: das nächste Mal soll ich mich nicht mehr mit den Wespen im Fell wälzen, weil, so lange die anderen Wespen die platt-gewälzten Kameraden in meinem Fell riechen, so lange kommen sie mir hinterher. Na, danke, so was passiert mir bestimmt nicht noch mal, weil, wenn ich jetzt so ein Brummen höre, bin ich nämlich ganz schnell weg.

erzählt von Jola

Es war Sonntag, Spätsommer und so ein richtig schöner Tag. Als Frauchen Bongo und mich dann auch noch ins Auto packte und ich merkte, dass es zu Mac ging, da wusste ich schon, jetzt kommt ein Super-Spaziergang. Da habe ich mich riesig gefreut, weil, nach Leckerchen (die's besonders häufig auf dem Spaziergang gibt!) und spielen (kann man klasse mit einem Spaziergang kombinieren!) ist Spazierengehen mein liebstes Hobby! Als wir ankamen und aus dem Auto gelassen wurden, waren Mac und sein Frauchen Liane schon da! Ach, Mac freut sich ja auch immer so, mich zu sehen, denn er kommt immer lachend, mit weit aufgerissenem Maul zu mir gerannt, tätschelt mich ein wenig von der Seite und läuft dann davon. Richtig rührend finde ich das. Trotzdem gehört es sich meiner Meinung nach, dass ich erst mal sein Frauchen freundlich anlächle. Dann beugt sie sich immer zu mir runter und streichelt mich. Das muss ganz schön müde machen, denn sie macht dabei den Mund immerzu auf und zu, so als müsste sie dauernd gähnen oder mit dem Unterkiefer klappern, und manchmal zeigt sie mir dabei auch die Zähne, aber das meint sie ja nicht so, ich glaube, das ist nur ihre etwas unbeholfene Art, mich anzulächeln.
Nach der Begrüßung geht's dann ab, Mac und Bongo hinterher! Was für eine Gaudi! Erst schaue ich ja immer, wo die beiden hin rennen und renne mit, aber das ist auf Dauer zu anstrengend, weil ich kann ja immer nur einem nachschauen, und dann muss ich erst mal 'ne Weile gucken, bis ich den anderen wieder sehe. Aber nach spätestens fünf Sekunden renne ich einfach vor, dann müssen die nämlich nach mir gucken und ich brauche nur ab und zu zu Frauchen zu schauen, damit ich sie nicht verliere. Manchmal bin ich so vertieft in die Spur, die ich gerade aufnehme (Hasen, andere Hunde und so) oder so gefangen von einem Blatt, das gerade lustig über den Weg hüpft, dass ich es

versäume, mich nach den andern umzusehen und wenn ich dann umgucke, sind sie alle verschwunden. Ich hab's dann immer etwas eilig und laufe den Weg zurück, den ich gegangen bin und meistens finde ich sie dann alle vier ganz geduckt hinter einem Busch oder so. Na also wirklich! Kein Wunder, dass ich sie nicht sofort gesehen habe, und manchmal beschleicht mich der Verdacht, sie könnten das extra machen, denn sie lachen und freuen sich immer alle, wenn ich dazu komme. Vielleicht halten sie es auch für ein Spiel, aber öfter als einmal kriegen die mich nie dazu, dieses doofe Spiel zu spielen. Dafür bin ich nämlich viel zu gewitzt und jedes Mal, wenn ich weit genug weg bin, dass ich denke, jetzt könnten sie gerade mal wieder verschwinden wollen, gucke ich blitzschnell zurück und verderbe ihnen damit den Spaß. Wäre ja auch noch schöner, wenn ich den ganzen Spaziergang damit verplempern würde, Mac, Bongo und die Frauchens zu suchen, wo es doch so viele wunderbare Dinge zu entdecken gibt! Am liebsten plansche ich im Bach herum. Wenn das Sonnenlicht durch die Bäume auf das Wasser trifft, dann sieht es aus, als würden tausend kleine Sonnenelfen über das Wasser tanzen und wenn Frauchen dann einen Stein oder einen Stock ins Wasser wirft, oder wenn Mac, Bongo und ich einfach nur durch das kühle Nass rasen, dann springen die kleinen Sonnenelfen wild auseinander und ich schaue ihnen verträumt hinterher. Manchmal versuche ich, sie zu fangen und traue mich sogar bis über die Augen unter der Wasseroberfläche zu verschwinden, aber kriegen tue ich die Sonnenelfen nie. Ist ja auch viel schöner, mit ihnen durch das Wasser zu tanzen.

Auf dem Rückweg ist dann aber etwas passiert, das hat mich richtig fertig gemacht und was es war, kann ich eigentlich gar nicht genau sagen ...

Wir waren also schon wieder auf dem Weg zurück zu den Autos. Mac und Bongo werden dann immer so ein bisschen langweilig und trotten bei den Frauchens herum, und ich muss mich immer ganz schön anstrengen, damit überhaupt noch mal einer mit mir spielt. Wenn die beiden partout nicht mehr wollen, dann gehe ich halt Schmetterlinge jagen oder teste meinen Mut an Baumstämmen, Heuballen oder Autos, die irgendwo rumstehen und schimpfe dann immer mächtig los. Leute anschimpfen macht natürlich mehr Spaß, die bleiben dann immer stehen und gucken ganz erschreckt, hihi, aber ich glaube, Frauchen findet das nicht so gut, denn wenn ich mir dann doch mal die Zeit nehme und mich zu ihr umschaue, dann ist sie immer schon im Sturmschritt zu mir unterwegs und fuchtelt ganz wild das „Nein"-Zeichen durch die Luft. Dann klappert und gähnt sie mit den Leuten um die Wette (ganz klar Beschwichtigungsgähnen), nimmt mich kurz am Halsband und gibt mir dann das Zeichen zum Weiterlaufen. Ich weiß gar nicht, was die Aufregung soll – mir ist doch nichts passiert ...

Wir waren schon fast bei den Autos, da schlugen wir noch mal eben den Weg zum Bach ein. Ich hatte das Wasser ja schon längst in der Nase, konnte wegen der dichten Uferböschung aber noch nicht ran. Also lief ich was ich konnte voraus, um eine Lücke zu finden, damit ich mich endlich ins kühle Wasser stürzen konnte. Mac und Bongo krebsten mal wieder viel weiter hinten durch die Gegend, als ich mich durch die Büsche schlug und mit einem eleganten Satz behende im Bach landete (okay, ich gebe zu, ich bin ausgerutscht und reingefallen, aber schließlich ist nicht immer der Weg das Ziel!). Außer der angenehmen Kühle, die ich ganz zweifelsfrei empfand, tat sich aber noch etwas höchst Seltsames – plötzlich spürte ich einen stechenden Schmerz in meinen zierlichen vier Buchstaben. Hatten die Sonnenelfen mich etwa mit kleinen Speeren beschossen? Ich war ziemlich verwirrt und dachte, es wäre vielleicht besser zu Frauchen oder Liane zu gehen, die mich dann auch gleich in Empfang nahmen. Liane hielt mich am

Halsband und wollte an meinen kleinen Hintern, aber der tat so weh, da hab‘ ich mich lieber weg gedreht. Derweil ist Mac dann auch zum Bach gegangen und ich denke, irgend jemand hat auch ihn beschossen, jedenfalls rannte er plötzlich an uns vorbei und schmiss sich auf die Wiese und plötzlich rannten wir alle, Mac, Bongo, die Frauchens und ich, und ich kann Euch sagen, da lag eine Panik in der Luft, das konnte ich richtig spüren! Außerdem tat es plötzlich überall weh, aber immer, Boxen im Auto. Auf der Fahrt nach Hause tat es hin und wieder noch mal weh, was mich völlig verunsicherte, denn in meiner Box war ich sonst doch immer so völlig sicher gewesen. Ja war die Welt denn verrückt geworden? Auch zu Hause ging es mir nicht viel besser. Zwar gab es keine neuen schmerzenden , aber an den Stellen, die sowieso schon weh taten, piekste und hämmerte und schmerzte es ganz furchtbar. Gab es Geister, die mich verfolgten? Für Frauchens „ich-pack-dir-'nen-Coolpack-drauf"-Spiel stand mir auch nicht der Sinn. War sie vielleicht die Ursache allen Übels? Oder Herrchen? Oder Bongo? Oder der Weihnachtsmann? Es musste etwas in der Luft sein und es lauerte überall! In welche Ecke ich mich auch drängte, es konnte dort sein, und so war ich den ganzen Tag auf der Hut, fuhr bei jedem Schatten, der mich streifte panisch herum und fragte mich, wie Bongo, mit dem Frauchen ebenfalls das Coolpack-Spiel spielte, so ruhig im Körbchen liegen und schlafen konnte. Bis zum späten Abend fand ich keine Ruhe, selbst wenn meine geliebten Menschen meine Nähe suchten, sprang ich fluchtartig auf, um einen neuen trostlosen Ort zu finden, an dem ich mich verkriechen konnte. Je länger ich darüber nachdachte, desto unwahrscheinlicher schien es mir, dass Frauchen der Grund für diese Schmerzen sein konnte und da die Schmerzen langsam nachließen, beschloss ich, dass es auf Frauchens Schoß möglicherweise sicherer war, als irgendwo in einer Ecke, denn erstens hat man von einer erhöhten Position einen besseren

Überblick über die Gefahrenlage, zweitens bin ich bei Frauchen sonst auch immer sicher und drittens tut so ein bisschen Kuscheln bei nachlassenden Schmerzen einem kleinen Hundemädchen gut. Ich hab‘ mich dann vorsichtig mal auf Frauchens, mal auf Herrchens Schoß geschummelt und mich dann so richtig trösten lassen. Sie haben mich gestreichelt und ein bisschen mit den Unterkiefern geklappert, wahrscheinlich weil sie auch Angst hatten. Vielleicht haben sie aber auch nur auf ihre unbeholfene, aber liebenswerte Art gegähnt, um mich zu beruhigen, aber das war gar nicht nötig, ich war ja sowieso schon soooo furchtbar müde ......

Lust auf`s Schwimmen?

Manche Hunde, die sind wasserscheu,
das kann ich nicht verstehen,
was denkt ihr nur, was ich mich freu,
wenn ich darf schwimmen gehen.

Na ja, zuerst war nur ein Planschen angesagt,
ganz tief hinein, hätt` ich mich auch nicht gleich gewagt.
Erst eine Pfote, dann die nächste, dann der Bauch,
den Kopf ins Wasser rein, denn schwimmen wollt` ich auch.

Das Wasser roch so gut, es schlug so nette Wellen,
ich fand das klasse, supertoll, das war ein Grund zum Bellen.
Da auf dem Wasser, da schwamm so Allerlei,
ich zählte, um mir Mut zu machen und sprang bei
eins...., zwei...., d r ei !!!

Ich machte einen großen Satz
und kurz darauf kam schon das " Platsch"!
Und ich war mitten drin im kühlen Nass,
das war vielleicht ein toller Spaß!

Die Pfoten fingen wie von selbst zu paddeln an,
jetzt bin ich völlig sicher, dass jeder Hund das kann.
Sehr elegant sah bei mir das erste Mal nicht aus,
doch piep egal, da mach` ich mir nichts draus.

(Wenn ihr noch nicht schwimmen könnt, lest meine Schwimmanleitung)

Schwimmanleitung:

Nimm Dein Herz und wirf es in`s Wasser ein Stück,
spring hinterher, und hol` s Dir zurück.
Dein Körper macht von selbst dann den Rest,
wenn Du ihn einfach schwimmen lässt!!
(wenn es nicht klappt, Frauchen oder Herrchen retten Dich,
verlass Dich darauf!)

Jola unter Wasser

Jola taucht wieder auf!

Jola apportiert aus dem Wasser nicht nur Stöcke, sondern auch Bälle, Dreckklumpen, Wurzeln, Steine etc..

Verständigung durch Zeichen und Gebärden

Beim hörenden Hund fällt die Entscheidung für die einzelnen Kommandos nicht schwer: „Sitz“, „Platz“ und „Fuß“ sind sprachlich so eindeutig festgelegt, daß wir normalerweise keine weiteren Gedanken daran verschwenden und es ist die natürlichste Sache der Welt, dass ein „nein!“ auch wirklich „nein!“ bedeutet.
Beim tauben Hund stellt sich zwangsläufig die Frage nach Möglichkeiten der nonverbalen Kommunikation.
Zweifellos gibt es Sichtzeichen, die zunächst in Verbindung mit akustischen Kommandos auch hörenden Hunden beigebracht werden und daher mehr oder weniger festgelegt sind, doch sind sie i.d.R. nicht ausreichend für die Vielfalt dessen, was wir im täglichen Umgang mit dem Hund an Befehlen brauchen. Verständigen wir uns mit einem tauben Hund, müssen auch scheinbar unwichtige, fast nebenbei gebräuchliche Kommandos als reine Sichtzeichen ausgeführt werden, denn die Kommunikation mit unserem Hund geht schließlich weit über ein „Sitz!“

und „Platz!" hinaus: alles, was wir dem hörenden Hund allein durch den Klang unserer Stimme vermitteln können, müssen wir in vielen Sichtzeichen umsetzen: Lob, Freundlichkeit, Strenge und Verbote müssen ihren lautlosen Weg auch über Distanzen hinweg finden, denn nicht immer sind wir mit unserem Hund auf „Tuchfühlung". Doch wie übermittle ich Signale, wenn ich auf das Heben oder Senken meiner Stimme verzichten muss?

Fällt die Stimme als hilfegebendes Signal völlig weg, muss man sich für den Hund (auch auf Distanz) eindeutige Zeichen/Gebärden ausdenken. Diese Zeichen müssen wohlüberlegt sein.
Als ich noch nicht wusste, dass Jola taub ist, war ich oft sehr verzweifelt, wenn Jola auf meine akustischen Kommandos nicht reagierte. Als Verstärkung meiner Kommandos fuchtelte ich unbewusst mit Händen und Armen herum. Wenn ich dabei fröhlich war, kam sie oft wedelnd zu mir. War ich verärgert, weil sie gerade wieder den Mülleimer geleert hatte, schien sie sehr genau zu wissen, dass sie etwas Verbotenes getan hatte, denn sie klappte ihre Schlappohren zurück und nahm eine Demutshaltung ein. Heute weiß ich, dass sie damals, taub wie sie war, einzig meine Mimik hatte, um zu interpretieren, ob das, was sie tat, richtig oder falsch war. Viel zu undeutlich und inkonsequent waren meine Gebärden. Ich machte mir keinerlei Gedanken darüber, dass ich in meinem Zorn über den ausgeräumten Mülleimer das eine Mal die Hände über dem Kopf zusammenschlug, das andere Mal wütend die Arme auf meine Hüften stützte. Wie oft habe ich ihr Unrecht getan, wie verwirrt und ratlos mußte sie sich oft gefühlt haben.
Als sich schließlich herausstellte, dass Jola taub ist, war ich zunächst völlig überfordert. Wie, um Himmelswillen, sollte ich mich ihr gegenüber verständlich machen? Als ich dann auf die Idee kam, ihr Sichtzeichen beizubringen, habe ich mir ganz

spontan welche ausgedacht - ohne zu überlegen, ob sie ausdrucksstark genug sind, ob der Hund sie gut sehen kann, ob ich sie, ohne die Leine fallen lassen zu müssen, schnell geben kann und ob sich die Zeichen auch gut voneinander unterscheiden lassen. Aus Unwissenheit die Menge der Zeichen unterschätzend, die noch auf uns zukommen sollten, vergab ich meine Sichtzeichen eher zufällig, so dass ich anfangs hin und wieder vergaß, welches Zeichen ich für welches Kommando gegeben hatte. Manche Gebärden ähnelten sich so stark, dass der Hund sie nicht differenzieren konnte und gar nicht darauf reagierte. Als Konsequenz daraus musste ich einige meiner Zeichen umändern, was verständlicherweise große Verwirrung für uns beide mit sich brachte. Außerdem warf es Jola und mich in der Erziehung um einige Zeit zurück.

Ich begann, mich in den Hund hineinzuversetzen. Stellte mir in Gedanken vor, aus welcher Perspektive der Hund das Zeichen sehen würde, wie Jola es registrieren würde.

Ich stellte fest, dass einige meiner Zeichen und Gebärden zu unscheinbar waren. Aus der Entfernung waren sie nicht richtig wahrzunehmen, waren zu undeutlich, nicht eindeutig genug. Ich beschloß, eine zweite Person in etwa 30m Entfernung aufzustellen und ihr meine Zeichen zu demonstrieren. Sie entschied, ob die Zeichen und Gebärden aus der Entfernung eindeutig erkennbar waren oder nicht. Da ich anfangs Schwierigkeiten damit hatte, mir meine ausgedachten Zeichen zu merken, schrieb ich sie auf, um sie nicht durcheinander zu bringen.

Die Zeichen, die in diesem Buch beschrieben werden, sind die, die ich für mich ausgesucht habe und ich persönlich komme sehr gut mit ihnen zurecht. Natürlich ist es jedem selbst überlassen, sich Zeichen auszudenken. Die hier aufgeführten Zeichen können lediglich eine Richtlinie sein.

Hier noch ein paar Tipps, was bei der Zeichengebung unbedingt beachtet werden sollte:
bevor das erste Zeichen gegeben wird, ist genau zu überlegen, was man dem Hund eigentlich beibringen möchte und welches Zeichen man dafür einsetzen möchte. Das Lernprinzip ist das gleiche, wie bei Hörzeichen: erst, wenn der Hund ein Kommando gelernt und verinnerlicht hat, wird das nächste Kommando in der Ausbildung eingeführt. Dabei sollte man vermeiden, den Hund oder sich selbst durch ein zu hohes Lerntempo zu überfordern. Erst wenn Hund und Mensch ein Zeichen sicher beherrschen, kann zum nächsten Zeichen weitergegangen werden. Es ist wichtig, bei der Reihenfolge der zu lernenden Zeichen und Gebärden Schwerpunkte zu setzen, d.h. mit dem Zeichen anzufangen, das man als wichtigstes empfindet.
Ich habe mich damals für das Komm-Zeichen entschieden, weil es für mich von großer Bedeutung war, den Hund beim Spaziergang im Feld frei laufen lassen zu können (bei Jolas Temperament unerlässlich!). Doch von der Leine konnte ich sie nur lassen, wenn Jola auf Kommando zu mir zurück kam. Schon im Haus habe ich mit der positiven Konditionierung auf das Komm-Zeichen begonnen: Komm-Zeichen, Leckerchen, Komm-Zeichen, Leckerchen usw., bis sie das Zeichen mit dem Leckerchen, das sie von mir bekam, verband.
Bei den nun folgenden Spaziergängen übte ich dieses Zeichen, wann immer es mir möglich war. War sie – zufällig – auf dem Weg zu mir, gab ich ihr das Komm-Zeichen und belohnte sie mit einem ihrer Lieblingsleckerchen. Da ich aber nicht immer darauf warten konnte, bis Jola mich ansah, um sie ein Kommando ausführen zu lassen, mußte ich lernen, das Zeichen genau dann zu geben, wenn Jola, zufällig zu mir herüber sah.
- Ein, bei der an allem interessierten Jola, mitunter schwieriges Unterfangen. -
Um ihr beizubringen, mich im Auge zu behalten, versteckte ich

mich oft unvermittelt hinter Büschen oder schlug einen anderen Weg ein, wenn sie nicht hinsah. Dieses Versteckspiel war meist nicht öfter als ein- bis zweimal pro Spaziergang nötig, weil Jola das Spiel bald durchschaut hatte und mich vorsorglich im Auge behielt. Gerade beim tauben Hund ist es überaus wichtig, dass er sich oft zum Hundeführer hin orientiert, weil er nur dann Kommandos sehen und ausführen kann.
Jola und ich hangelten so langsam von einem Kommando zum nächsten. Die Verständigung zwischen uns wurde durch die klare Struktur immer besser. Jola begriff diese Art der Verständigung sehr schnell, und ich stellte mit Erstaunen fest, dass sie Kommandos, die sie nun verstand, nicht nur zuverlässig ausführte, sondern sie schien dankbar dafür zu sein, dass ich ihr nun eine Ebene der Verständigung bot, die sie aus ihrer Isolation herausriß. Seit Jola begriffen hat, dass die eindeutigen Signale ihrer Menschen für sie bestimmt sind, schaut sie bei Spaziergängen viel öfter und aufmerksamer zu uns Menschen, als hörende Hunde es tun.

Das Zeichen sollte leicht zu handhaben sein, d. h. man sollte sich genau überlegen in welchen Situationen das Zeichen gegeben werden muss. Ein Kommando, das v.a. beim Spaziergang Anwendung findet, sollte sinnvollerweise ein einhändiges Zeichen sein, da man auf Spaziergängen häufig Gegenstände (Leine, Jacke, etc.) mit sich trägt und demzufolge oft nur eine Hand frei hat.

Zeichen, die aus weiter Entfernung gegeben werden, wie z.B. das Kommzeichen, müssen für den Hund auch von weitem erkennbar sein. Sinnvoll wäre also ein sehr bewegtes Zeichen mit viel Körperaktion.
Wer seinen Hund genau beobachtet, wird feststellen, dass dieser häufig von selbst Zeichen anbietet, bzw. dass sich Sichtzeichen

aus natürlichen Bewegungen heraus entwickeln (Abwehrbewegung etc.). Jola z.B. liebt es, auf meinem Schoss zu sitzen, aber in manchen Momenten passt mir das absolut nicht. Als Reaktion darauf, dass sie mir ihre Vorderpfote auf den Schoß legte, schob ich diese mit meiner rechten Hand von meinem Schoß herunter. Aus dieser abwärtsweisenden Handbewegung heraus entwickelte ich das Runter-Zeichen.

Felix zeigt Jola, dass sie über die Wippe gehen soll

Jolas Zeichendefinitionen

„Komm!“ bedeutet: ändere deinen Standort/deine Bewegungsrichtung und bewege dich in meine Richtung (z.B. wenn sie sich beim Spaziergang zu weit entfernt).

„Okay!“ bedeutet: kein Grund zur Beunruhigung, du hast deine Sache gut gemacht.

„Nein!“ bedeutet: hör‘ auf mit allem, was du tust (z.B. an der Tür kratzen, beim Spaziergang Äpfel fressen).

„Sitz!“ wann immer sich Jola hinsetzen soll, gebe ich ihr dieses Zeichen.

„Platz!“ bedeutet: lege dich sofort und ohne zu zögern hin (reines Gehorsamskommando!).

„Bleib!“ bedeutet: bleibe dort, wo du bist und in der Haltung, in der du bist (z.B.wenn Jola abliegen soll, obwohl ich mich von ihr entferne).

„Vorsitz!" bedeutet: setze dich so vor mich, daß du mich ansiehst.

„Bring!“ bedeutet: bringe mir das, was du gerade in der Schnauze hältst, bzw. worauf du gerade fixiert bist (z.B. Spielzeug).

„Lass fallen!“ bedeutet: lasse das, was du gerade im Maul trägst auf den Boden fallen (z.B. Steine, Unappetitliches beim Spaziergang).

„Gib Laut!“ bedeutet: belle (dieses Kommando hat sich im Zusammenhang mit der Mantrailing-Suche als nützlich erwiesen).

„Jubel” bekommt sie als Ausdruck extrem starken Lobes, z.B., wenn sie ein „schwieriges“ Kommando ausgeführt hat.

„Voraus!/Such!“ bedeutet: bewege dich in die von mir gewiesene Richtung.

“Schluss!” besagt, dass Jola etwas beenden soll, z.B. das Bellen, Schnuppern, Buddeln etc., etc...

„Sitz in der Grundstellung!" bedeutet: setze dich direkt neben mein linkes Bein (z.B. vor dem Angehen zum "Fuß!").

„Fuß!“ bedeutet: laufe auf meiner linken Seite so, dass deine Schulter auf der Höhe meines Knies ist.

„Vorsitz!“ bedeutet: setze dich so vor mich, daß du mich ansiehst.

„Herumgehen!” aus dem Vorsitz heraus: Jola hat gelernt, aus dem Vorsitzen heraus um mich herum zu laufen, um die Grundstellung einzunehmen. Gäbe ich ihr aus dem Vorsitzen heraus das „Fuß!“-Zeichen, würde sie sich direkt neben mich setzen, ohne um mich herum zu gehen. Deshalb hat sie für dieses Herumgehen ein gesondertes Zeichen bekommen.

„Stopp!” bedeutet für Jola, dass sie im vollen Lauf abbremst und anhält.

„Runter!“ bedeutet: bewege dich abwärts (z.B. wenn sie an Personen hochspringt oder versucht, auf dem Tisch zu schnüffeln).

Das „Komm“ Zeichen

Wenn ich möchte, dass Jola zu mir kommt, hole ich mit meinem rechten Arm weit aus und führe meine geöffnete Handfläche zu meinem Körper. Dieses Zeichen ist auch aus weiter Entfernung gut sichtbar und von dem Hund nicht zu übersehen oder zu verwechseln.

Zu Beginn habe ich mit ihr dieses Zeichen aus der Nähe geübt. Wenn sie kam, hat sie von mir eine Belohnung bekommen (Spiel oder Leckerchen). Später, als sie die Bedeutung verstanden hatte, habe ich den Abstand zwischen Jola und mir vergrößert. Heute wechsle ich zwischen Streicheleinheiten, Leckerchen und Spiel ab. Auf jeden Fall weiß sie, dass es sich immer lohnt, zu mir zu kommen.

Das „Okay“ Zeichen

Dieses Zeichen verwende ich sehr häufig.
Wann immer Jola etwas gut macht, bekommt sie von mir ein "Okay“. Ich gebe ihr dieses Zeichen aber auch, wenn sie beunruhigt ist und ich ihr vermitteln möchte, dass alles in bester Ordnung ist.

Das „Nein“ Zeichen

Der rechte Zeigefinger wird schnell hin und her bewegt.

Wann immer Jola etwas tut, was sie nicht tun soll, gebe ich ihr dieses Zeichen (allein mein Gesichtsausdruck zeigt ihr, dass es nicht in Ordnung ist).

Während ich das Nein-Zeichen gebe, führte ich anfangs mit der anderen Hand zur Verstärkung des Sichtzeichens, einen kurzen Nackengriff durch. Bereits nach dem zweiten Nackengriff hatte sie die Bedeutung des Zeichens verstanden.

Das „Sitz“ Zeichen

Dieses Zeichen bekommt Jola von mir wenn sie sich hinsetzen soll. Der Ellbogen ist angewinkelt und der Zeigefinger ausgestreckt. Am Anfang hatte ich in meiner Hand immer noch ein Leckerchen versteckt.

Das „Platz“ Zeichen

Der Arm ist ausgestreckt und die Hand geöffnet. Dieses Zeichen habe ich ausgesucht, weil man den Hund in Gedanken zu Boden drückt. Wenn der Hund sich nicht legen will, hilft man mit sanftem Druck nach, wobei die gleiche HandArmbewegung ausgeführt wird. Unterstützend kann man mit der anderen Hand gleichzeitig ein Leckerchen zwischen die Pfoten auf den Boden legen. Wenn Jola weit weg ist und ich sie ins Platz legen will, dann hole ich mit dem Arm von hinten ganz weit aus, so als wollte ich mit Schwung mit der flachen Hand auf den Boden klatschen.

Abliegen, alleine, unter Ablenkung und in der Gruppe

Für diese Übung gebe ich Jola erst das Platz-Zeichen und dann das Bleib-Zeichen, damit sie weiß, dass sie liegen bleiben soll. Das gilt auch unter Ablenkung und Abliegen in der Gruppe.

Jola liegt alleine ab

Liane geht an Jola mit Mac vorbei

Liane geht mit Mac um Jola herum

Abliegen in der Gruppe

Das „Bleib" Zeichen

Bei diesem Zeichen weiß Jola, dass sie liegen oder sitzenbleiben soll. Zu Beginn ist Jola oft aufgestanden. Ich habe sie dann einfach wieder auf den selben Platz zurückgebracht.
Am Anfang habe ich sie nur ganz kurz dort sitzen oder liegen lassen und sie daraufhin belohnt, anschließend habe ich das Bleib-Zeichen wieder aufgehoben. Nach einiger Zeit hat sie den Sinn dieser Übung verstanden. Jetzt kann ich sogar außer Sichtweite gehen und Jola bleibt liegen und wartet bis ich das Zeichen wieder aufhebe, bzw. bis die Belohnung kommt.

Das „Vorsitz“ Zeichen

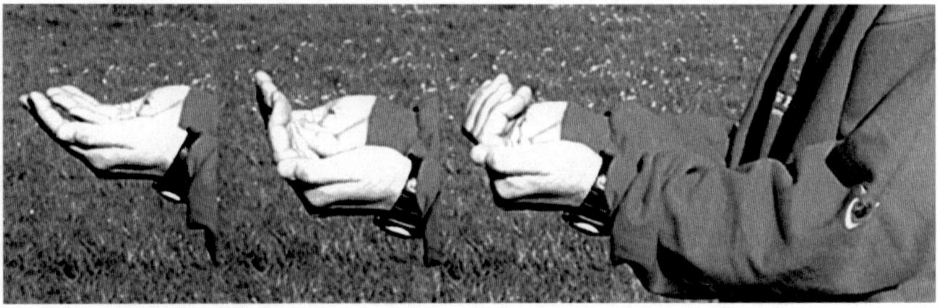

Dieses Zeichen gebrauche ich, wenn Jola direkt vor mir sitzen soll. Ich öffne und schließe meine beiden Hände.

Das „Bring“ Zeichen

Wenn Jola mir z.B. ihren Ball bringen soll, gebe ich ihr dieses Zeichen. Ich öffne und schließe meine Handfläche zwei bis drei Mal schnell hintereinander.

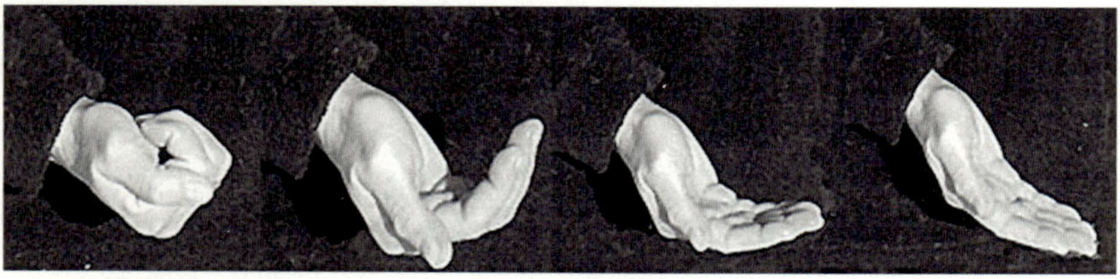

Jola bringt mir ihren Ball und legt ihn in meine Hand. Zuerst habe ich mir immer nur ihr Lieblingsspielzeug, ihren Ball, bringen lassen. Da sie natürlich wollte, dass ich ihn auch werfe, war sie selber sehr daran interessiert, dass ich ihn auch bekomme. Dies habe ich mir zu eigen gemacht. Ich gab ihr das Zeichen, wenn sie mit ihrem Ball im Maul auf mich zu lief. Wenn sie ihn in meine Hand fallen ließ, habe ich sie belohnt. Mittlerweile bringt sie mir auf dieses Zeichen auch andere Dinge.

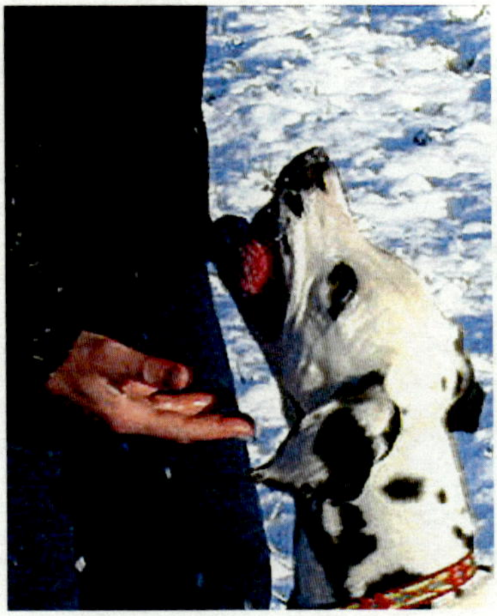

Jola bingt den Ball, lässt ihn in die Hand fallen und wartet gebannt darauf, dass er wieder geworfen wird

Das „Lass Fallen/Aus“ Zeichen

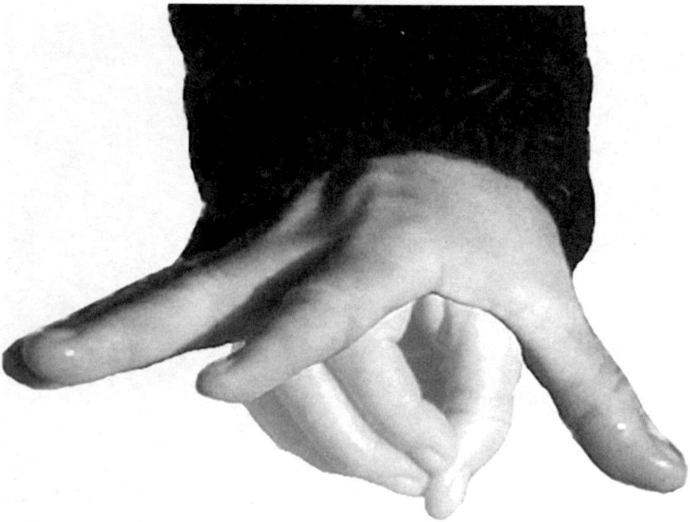

Bei diesem Zeichen wird die Hand zur Faust geschlossen und ruckartig wieder geöffnet, so als würde man einen runden Gegenstand, den man ganz fest gehalten hatte, mit Druck auf den Boden werfen. Jola lässt auf dieses Zeichen hin alles auf den Boden fallen, was sie im Maul hat.

Das „Gib Laut“ Zeichen

Auch ein tauber Hund kann auf Kommando bellen. Dabei nutzte ich Jolas enormen Spieltrieb aus: auf mein schwungvolles Anreizen mit dem Ball begann sie, wenn der Triebstau hoch genug war, auffordernd zu bellen. Diese Momente nutzte ich, um ihr das Laut-Zeichen beizubringen. Ich hielt den Ball fest in meiner Hand und pochte mir auffordernd gegen die Brust. Wenn sie bellte, warf ich ihr als Belohnung den Ball. Heute bellt sie auch, wenn ich mir ohne Ball an die Brust klopfe.

Das „Jubel“ Zeichen

Das Jubel-Zeichen ist das Schönste für Jola. Wenn sie etwas richtig gut macht, dann zeige ich ihr meine große Freude mit hochgerissenen Armen, manchmal klatsche ich dazu noch in die Hände. Ich freue mich einfach so, als hätte sie ein Tor geschossen und dann knuddele ich sie und spiele mit ihr.

Das „Voraus“ Zeichen

Der rechte Arm wird mit Schwung ausgestreckt und der Zeigefinger deutet in die Richtung, in die der Hund laufen soll. Zu Beginn der Lernphase wird das Spielzeug für den Hund deutlich sichtbar abgelegt und der Hund wieder einige Meter vom Spielzeug weggeführt. Da der Hund sein Spielzeug wieder haben möchte, wird er bestrebt sein, von sich aus dorthin zurückzulaufen. Man schickt den Hund aus der Grundstellung schwungvoll in Richtung des abgelegten Spielzeugs voraus.

Das „Schluss“ Zeichen

Wenn ich ein Spiel mit Jola beenden möchte oder sie mit etwas aufhören soll, gebe ich ihr dieses Zeichen. Ich mache mit meinem Arm eine schnelle Seitwärtsbewegung. (Welchen Arm (rechten oder linken) man dazu auswählt, bleibt jedem selbst überlassen, man sollte sich aber für eine Richtung entscheiden.)

Manchmal benötige ich bei unseren gemeinsamen Spaziergängen eine Wurfpause. Jola würde dieses Ballspiel bis ins Unendliche fortsetzen. Ich werfe den Ball, sie holt ihn und bringt ihn mir, ich schleudere ihn wieder weit weg u.s.w.
Es gibt Augenblicke, da habe ich einfach keine Lust mehr den Ball zu werfen. Ich gebe ihr dann das Schluss-Zeichen und stecke den Ball in meine Jackentasche. Jola versteht das mittlerweile sofort und geht ihrer eigenen Wege.
Es war eine lange Prozedur, ihr diese Zeichen beizubringen. Nicht, weil sie es nicht begriffen hatte, nein, sie boykottierte es einfach, bedeutete es doch das Ende ihres heißgeliebten Spiels.

Das Zeichen zum „Sitz“ in der Grundstellung

Ich schlage mit der Hand auf meinen Oberschenkel, sobald sie aus dem Vorsitz um mich herum gegangen ist.

Das „Fuß“ Zeichen

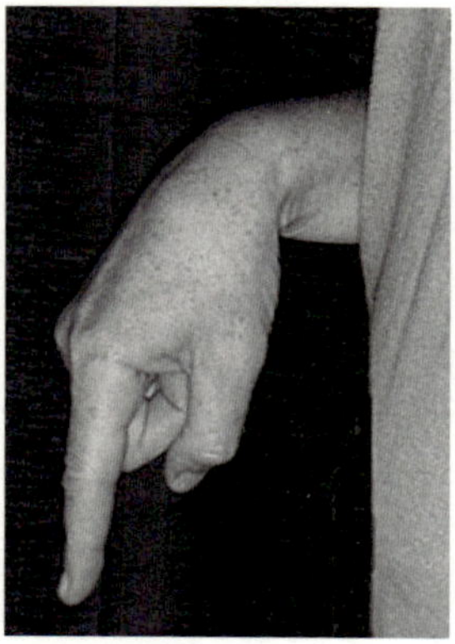

Der Zeigefinger deutet zum Boden. Für Jola heißt das, sie soll bei Fuß gehen.

Das „Herumgehen zur Grundstellung Sitz“ Zeichen

Ich führe meinen gestreckten Zeigefinger um mich herum. Wenn Jola um mich herumgegangen ist, gebe ich ihr das Sitz-Zeichen.

Das „Stopp“ Zeichen

Mit diesem Zeichen stoppe ich Jola aus dem vollem Lauf. Dabei mache ich einen Schritt in ihre Richtung und strecke ihr gleichzeitig meinen Arm mit der geöffneten Handfläche entgegen, als wolle ich sie abwehren. Danach gebe ich ihr das Platz-Zeichen. Jola bremst im Lauf ab und legt sich anschließend ins Platz. Das funktioniert auch aus weiter Entfernung sehr gut. Wichtig dabei ist, dass man dieses, wie auch alle anderen Zeichen, schwungvoll und ausdrucksstark ausführt und sich dabei immer vor Augen hält, was man damit bewirken möchte.

Das „Runter“ Zeichen

Wenn Jola jemanden anspringt oder sie irgendwo hochklettert, zeige ich ihr damit, dass sie runtergehen soll.

Wie habe ich die Zeichen ausgewählt und sie der der tauben Jola beigebracht ?

Auf den Seiten 87-109 werden meine ausgewählten Zeichen mit Hilfe von Fotos dargestellt. Sicher werden Sie sich fragen, warum ich gerade diese Zeichen ausgewählt habe. Nun, Jola hat mir bei der Auswahl entscheidend geholfen und das ist das Wichtigste.
Es wäre falsch, dem Hund wahllos irgendwelche Zeichen aufzuzwingen. Wichtig ist, dass man den Hund und sein Verhalten vorher genau beobachtet. Ein Hund entwickelt viele Eigenheiten und Verhaltensmuster. Diese sollte man, wenn möglich, in die Zeichenwahl mit einbauen. Z.B. wie begrüßt er einen, womit spielt er, womit spielt er am liebsten, wie versucht er einem zu zeigen, dass er raus muss, wie benimmt er sich, wenn es klingelt, wann bellt er, etc., etc.. Auch das Wesen des Hundes sollte in die Überlegung über die Zeichengebung mit einfließen. Ist es ein eher ruhiger Hund oder mehr ein ängstlicher oder vielleicht ein aktiver Wirbelwind wie Jola.
Bei dem einen oder anderen Zeichen sind diese Informationen wirklich von Nutzen. Manchmal zeigt einem der Hund selbst, welches Zeichen am besten für ihn ist. Ich werde dies später in dem Kapitel an dem LASS FALLEN/AUS-Zeichen (S.98) verdeutlichen. Die Reihenfolge der Zeichengebung sollte wirklich reiflich überlegt werden. Was nützt es, wenn der Hund das Lass-Fallen-Zeichen kennt, aber ihm z.B. das Komm-Zeichen nicht geläufig ist.

Voraussetzung für alle Zeichen-Übungen ist natürlich der Blickkontakt. Es ist grundsätzlich ratsam, bevor man mit den Zeichen-Übungen beginnt, dass man mit dem Hund erst mal richtig herumtollt, damit er sich nicht so leicht ablenken lässt und nicht mehr so viel überschüssige Energie besitzt.

Ich habe Jola zuerst folgende drei Zeichen beigebracht:

KOMM-Zeichen (Seite 87),
OKAY-Zeichen (Seite 88) und
NEIN-Zeichen (Seite 89).

Das KOMM-Zeichen (S. 87) war für mich deshalb sehr wichtig, weil ich Jola, so oft es ging, ohne Leine laufen lassen wollte. Wir haben bei uns viele Felder und Wiesen, um dorthin zu gelangen, muss ich nur eine Straße überqueren. Bis dahin nehme ich Jola immer an die Leine, dann lasse ich sie frei laufen. Bevor ich das Komm-Zeichen beim Spaziergang angewendet habe, musste ich jedoch sicher sein, dass sie die Bedeutung dieses Zeichens auch verstand. Deshalb habe ich das Zeichen mit ihr zuerst im Haus trainiert. Ich habe Jola bei mir zu Hause genau beobachtet. Bemerkte ich, dass sie zu mir laufen wollte, gab ich ihr im gleichen Moment das Komm-Zeichen. Wenn sie dann bei mir angekommen war, bekam sie das OKAY-Zeichen (S. 88) und ein Leckerchen. Somit war es mir möglich, zwei Zeichen gleichzeitig zu üben. Schon sehr bald verband sie das Komm-Zeichen mit Leckerchen, gleichzeitig verstand sie, dass es toll ist, wenn sie zu mir kam.

Danach verlegte ich meine Übungen in unseren eingezäunten Garten. Als es auch da klappte, übten wir im freien Feld. Für ihr Kommen gab es ja auch immer ein Leckerchen und das Okay-Zeichen und ein anschließendes Spielen mit ihrem Ball. Durch diese Übungen war es mir auch möglich, den Blickkontakt zwischen uns zu intensivieren. Jetzt läuft sie immer etwas voraus und schaut dann zu mir zurück, um zu sehen, ob ich ihr wieder das Komm-Zeichen gebe und sie somit ein Leckerchen und ein Okay-Zeichen verdienen kann. Später habe ich es etwas variiert. Manchmal erhält sie von mir nur das Okay-Zeichen, beim nächsten Mal zusätzlich ein Leckerchen, dann wiederum spiele ich mit ihr oder ich mache alles aufeinmal. Wichtig ist, dass es für den Hund das Schönste der Welt ist, zu Frauchen/ Herrchen zurückzukommen, wenn er/sie ruft/winkt. Damit dies auch so bleibt, versuche ich, mir immer etwas Neues für sie auszudenken.

Das NEIN-Zeichen (Seite 89) war Jola ziemlich schnell beizubringen. Junge Hunde haben, wie jeder sicher weiß, immer viel Unsinn im Kopf; sie sind neugierig und probieren allerhand Unerlaubtes aus, wie z. B. auf Schuhen herumkauen, Löcher buddeln, in Dingen schnüffeln, die sie nichts angehen etc., etc. Wenn Jola irgendetwas machte, was ich nicht wollte, dann habe ich ihr vehement das Nein-Zeichen gegeben, manchmal auch noch mit einem zusätzlichen Nackengriff. Ich habe mir Situationen ausgedacht, bei denen ich damit rechnen konnte, dass sie etwas Verbotenes tat. Wenn ich beobachtete, dass sie nur im Begriff war, darauf zuzusteuern, kassierte sie ein Nein-Zeichen; ließ sie dadurch ab und schaute mich an, erhielt sie ein Okay-Zeichen und ein Leckerchen. Sie lernte den Unterschied zwischen dem Nein-Zeichen und dem Okay-Zeichen sehr schnell. Ich stellte fest, dass sie mich manchmal testete, denn ich habe öfter beobachtet, dass sie mir, bevor sie wissentlich etwas Unerlaubtes tat, ganz schnell einen fragenden Blick zuwarf. Ich hatte dann gerade genug Zeit, ihr das Nein-Zeichen zu geben. Kam ich zu spät, und hatte keinen Blickkontakt mehr zu ihr, hatte ich verloren. Ich konnte dann nur noch hinrennen, sie anstupsen und ihr dann das Nein-Zeichen geben. Dies waren immer die Momente, in denen ich wünschte, sie könne hören.
Als nächstes nahm ich mir vor, Jola das SITZ- (S. 90) und PlATZ-Zeichen (S. 91) beizubringen. Bongo war mir dabei eine große Hilfe, da er alle Kommandos schon zuverlässig beherrschte. Jola orientiert sich sehr stark an Bongo. Wo er ist, ist

auch sie nicht weit. Wenn ich Bongo rufe und Jola sieht Bongo laufen, kommt sie gleich mit.
Wenn Bongo von mir etwas zugesteckt bekommt, muss er immer etwas dafür tun, d.h. ein Kommando wie Sitz, Platz, Männchen, Pfote geben etc., etc. befolgen.
Mir fiel auf, dass Jola Bongo immer genau beobachtete. Setzte er sich, setzte sie sich nach einer kleinen Verzögerung auch, legte er sich ins Platz, machte es Jola ihm früher oder später nach. Dieses Nachahmen machte ich mir natürlich zu eigen. Ich rief Bongo mit „hier", machte parallel dazu das Komm-Zeichen für Jola, dann gab ich Bongo das Kommando für „Sitz" und da ich wusste, dass Jola sich intuitiv auch setzen würde, machte ich gleichzeitig das Sitz-Zeichen. Anschließend bekamen sie beide ihr ersehntes Leckerchen. Auf diese Art lernte Jola das Sitz-Zeichen. Mit dem Platz-Zeichen verfuhr ich genauso. Als Jola annähernd begriffen hatte, was das Sitz- und Platz-Zeichen für eine Bedeutung hatte, intensivierte ich diese Zeichen mit ihr alleine, ohne Bongos Hilfe.

Als nächstes suchte ich mir das BLEIB-Zeichen (S. 94) aus. Ich legte Jola ins Platz und gab ihr das Bleib-Zeichen. Zuerst blieb ich bei ihr stehen. Wollte sie aufstehen, gab ich ihr das Nein-Zeichen und drückte sie wieder sanft auf den Boden zurück und gab ihr noch mal das Bleib-Zeichen. Blieb sie einen Moment liegen, gab ich ihr zwischen die Pfoten ein Leckerchen und streichelte sie. Anschließend zeigte ich ihren Ball und spielte dann mit ihr. Ich wiederholte die Übung noch einige Male und brach sie nach einem positiven Ergebnis ab. Als sie das Zeichen nach längerem Training zuverlässig beherrschte, blieb ich nicht mehr bei ihr stehen, sondern entfernte mich ein paar Meter von der im Platz liegenden Jola. Wenn sie aufstand, gab ich ihr das Nein-Zeichen, ging zu ihr hin, nahm sie am Halsband und führte sie genau zu dieser Stelle zurück, an dem ich sie abgelegt

hatte. Ich drückte sie sanft auf den Boden, gab ihr erneut das Bleib-Zeichen und begab mich wieder auf meine Stelle. Wenn sie es gut machte, ging ich kurze Zeit wieder zu ihr hin, gab ihr ein Leckerchen zwischen die Pfoten und spielte mit ihr. Im Laufe der Zeit verlängerte ich die Entfernung und auch den Zeitabstand. Bei dem „Platz außer Sicht“ ließ ich mir z.B. von Liane helfen. Ich ging außer Sicht und sie passte auf, dass Jola sich nicht von der Stelle bewegte. Wenn sie es tat, ging sie hin und führte sie wieder genau an die Stelle, an der ich sie abgelegt hatte. Wenn ich dann zurückkam, wurde sie von mir mit einem wilden Ballspiel belohnt.
Wenn der Hund das Platz- und das Bleib-Zeichen sicher beherrscht, kann man ihn auch noch UNTER ABLENKUNG ABLIEGEN (S.92) lassen, d.h. der Hund darf trotz verschiedener Ablenkungen nicht aufstehen.

Das VORSITZ-Zeichen (S. 95) brachte ich Jola auf folgende Weise bei: ich legte Jola ins Platz , gab ihr das Bleib-Zeichen und entfernte mich ca.10 Meter. Ich stand ihr jetzt gegenüber. Ich ließ sie einige Zeit dort liegen und lockte sie sozusagen mit beiden Armen (angewinkelte Ellenbogen und abwechselnd öffnende und schließende Handflächen) und mit einem auffordernden und lächelnden Gesicht zu mir. Als sie kam und vor mir stand, ließ ich sie Sitz machen, dann erhielt sie ein Leckerchen und anschließend spielte ich mit ihr.

Das Sitz-Zeichen, das Bleib-Zeichen und das Komm-/Vorsitz-Zeichen übe ich jeden Tag nach den Spaziergängen. Wenn ich vom Spaziergang zurückkomme, haben die Hunde so lange vor der Haustüre zu sitzen, bis ich sie hereinrufe/-winke. Wenn meine Familie und/oder Freunde/Bekannte bei dem Spaziergang mit dabei waren, gehen auch diese vor den Hunden durch die Tür. Die Hunde betreten das Haus immer erst zuletzt.

Sie bleiben so lange vor der Türe sitzen, bis ich sie hereinrufe/-winke, dann lasse ich sie vorsitzen und sie bekommen ein Leckerchen. Unser Hauseingang ist sehr schmal und wenn wir alle zusammen durch die Haustüre gehen, stolpert mindestens einer von uns, außerdem verdeutliche ich den Hunden somit jeden Tag aufs Neue, dass ich die Rudelführerin bin und dass sie das letzte Glied in der Kette sind (Dominanzübung).

Das BRING-Zeichen (S. 96) (den Gegenstand direkt in die Hand geben) hat Jola z.B. erst vor ca. einem Jahr gelernt. Wir spielten wie üblich unser Ballspiel. Ich warf den Ball weit weg und Jola holte den Ball und warf ihn mir ungestüm vor die Füße. Dass sie mir den Ball brachte, war ihre eigene Entscheidung, ich hatte ihr das nicht beibringen müssen. Sie brachte ihn mir, als wäre es das Selbstverständlichste der Welt. Anfangs brachte sie mir den Ball nicht immer, kam ohne ihn zu mir zurück und schaute mich nur erwartungsvoll an. Ich habe dann hilflos die Schultern hochgezogen und ihr meine beiden leeren Handflächen gezeigt. Da drehte sie sich plötzlich um und fing an, den Ball erneut zu suchen, bis sie ihn gefunden hatte. Auch das musste ich ihr nicht beibringen. Ich erweiterte aber die Übung, indem ich so tat, als würde ich den Ball in eine bestimmte Richtung werfen, warf ihn aber in eine ganz andere. Jola rannte dann zuerst in die falsche Richtung. Konnte sie den Ball in der Luft nicht ausmachen, stoppte sie abrupt und sah mich fragend an. Ich zog dann wieder meine Schultern hoch und zeigte ihr meine leeren Handflächen. Jola verstand dadurch intuitiv, dass ich den Ball nicht mehr hatte und sie ihn suchen sollte, was sie dann auch sofort tat. So hatten wir ein neues Spiel, bei dem sie mit Begeisterung mitspielte.

Als nächstes wollte ich ihr gerne beibringen, mir den Ball in die Hand zu geben. Bisher hatte sie mir den Ball immer nur vor die

Füße geworfen. Als sie mir dann eines Tages den Ball wieder vor die Füße warf, hob ich ihn nicht wie gewöhnlich auf, sondern ließ ihn liegen. Jola schaute mich fragend an, so als wollte sie sagen: „Was soll das?“ Da Jola von ihrem Wesen her sehr ungeduldig ist, reagiert sie bei allem sehr schnell. Sie wollte jetzt spielen und dem geworfenen Ball hinterherlaufen. Also versuchte sie nachzuhelfen, indem sie den Ball, der immer noch bewegungslos vor meinen Füssen lag, in den Fang nahm und versuchte, ihn mir zu geben. Im gleichen Moment hielt ich ihr meine offene Handfläche hin und unterstützte ihren Versuch, indem ich den Ball festhielt, bevor er wieder auf den Boden fiel. Als ich den Ball in der Hand hielt, gab ich ihr das Okay-Zeichen und warf den Ball augenblicklich weit weg. Das nächste Mal legte sie mir den Ball wieder vor die Füße. Ich zeigte ihr erneut meine leere Handfläche, verstärkte diese Gestik dadurch, indem ich sie wiederholt öffnete und schloss. Ich zuckte zusätzlich mit den Schultern und schaute sie dabei aufmunternd an. So, als würde sie verstehen, was ich wollte, nahm sie den Ball auf und versuchte ihn mir ungeduldig in die Hand zu legen. Natürlich musste ich ihr erneut ein bisschen dabei helfen, bis ich den Ball in den Händen hielt. Wieder lobte ich sie und schleuderte ihren Ball weit weg. Wir übten das in den nächsten Tagen immer wieder. So entstand ihr Bring-Zeichen. Jola bringt mir jetzt mit Hilfe dieses Zeichens auch andere Gegenstände.

Nachdem Jola das Bring-Zeichen gelernt hatte, wollte ich ihr auch gerne beibringen, Dinge fallen zu lassen. Mit Spielzeugen wie einer Beißwurst, einem kaputten Fußball konnte man mit Jola sehr gut zotteln, allerdings war es recht schwer ihr diese Teile wieder zu entwenden. Es endete immer mit einem recht großen Kraftakt. Mir war eigentlich gar nicht so recht klar, wie ich ihr das beibringen sollte. In diesem Fall hat sich Jola das Zeichen selbst ausgesucht. Jola stand mit ihrem Ball vor mir und ich tat spaßeshalber so, als wolle ich blitzschnell nach dem Ball in ihrem Maul greifen; daraufhin ließ sie den Ball plötzlich fallen. Ich hob ihn auf und warf ihn weg, damit sie ihn holen konnte. Als sie wieder mit ihm zurückkam und vor mir stand, machte ich die gleiche Bewegung mit der Hand noch einmal und wieder ließ sie den Ball fallen. Ich war wirklich fasziniert, hatte sie mir doch eben gezeigt, was diese Handbewegung für sie bedeutete. Ich versuchte es bei anderen Gegenständen. Jedes Mal, wenn ich so tat, als wolle ich ihr diesen Gegenstand abnehmen, d.h. wenn ich die Faust schnell öffnete, so, als wolle ich etwas wegwerfen, ließ sie das, was sie gerade im Maul hatte, fallen. Ich war begeistert. Endlich hatte ich das LASS-FALLEN-/AUS-Zeichen (S. 98) gefunden.

Eines Tages hörte ich im Garten wildes und hohes Hetzgekläffe. Ich sah verwundert aus dem Fenster und sah, wie die Kinder Fußball spielten. Jola rannte mit hohen Kläfflauten dem Fußball hinterher und versuchte, ihn zu erwischen. Ich musste laut lachen, es sah zu komisch aus. In Anbetracht der Tatsache, dass Jola taub ist, war es für mich sehr erstaunlich, sie so bellen zu hören. Deshalb dachte ich mir, müsste sie ja auch Laut geben können. Es war mir einen Versuch wert. Wichtig war dabei, dass man sie durch Mimik genug anheizte. So schnappte ich mir Jola am nächsten Tag, um ihr das LAUT-Zeichen (S. 99) beizubringen.

Ich begann mit einem wilden Ballspiel. Ich wollte sie so richtig in Fahrt bringen.

Bis jetzt hatte ich mich dabei nie übermäßig bewegt. Ich nahm den Ball einfach, warf ihn weit fort, sie brachte ihn, ich versteckte ihn, sie suchte ihn etc. Jola war es gewohnt, dass er ohne größere Verzögerung geworfen wurde. Diesmal aber wollte ich versuchen, mehr körperliche Aktion ins Spiel zu bringen. Ich reizte sie richtig an, indem ich den Ball in die Luft warf, fing

ihn wieder auf, hielt ihn dann vor meine Brust und bewegte mich mit ihm wild hin und her. Ihr Blick folgte mir interessiert und sie ließ den Ball nicht aus den Augen. Ich hielt ihr den Ball kurz vor die Nase, hielt ihn mir wieder vor die Brust und hüpfte wieder herum, wedelte mit den Armen (immer so, dass sie ihren Ball auch sehen konnte), tat so, als wolle ich den Ball werfen, warf ihn aber nicht , kurz gesagt, ich machte mich für den Hund zum Affen. Jola hüpfte immer wilder um mich herum. Ich merkte wie sie immer ungeduldiger und triebiger wurde. Sie schien nur noch den einen Gedanken zu haben: ich will meinen Ball. Und siehe da, plötzlich gab sie einen ersten Belllaut von sich. Genau in diesem Moment schleuderte ich den Ball fort.
Diesen Vorgang wiederholte ich immer wieder. Jola brachte mir den Ball, ich hielt ihn vor meine Brust und machte den Hampelmann, solange bis sie bellte. Zuerst ließ ich sie nur einmal bellen, danach musste sie immer länger bellen, bis ich ihr den Ball zuwarf. Später, als sie verstanden hatte, dass sie, wenn ich den Ball vor meine Brust hielt, bellen sollte, ließ ich den Ball in der Hosentasche und klopfte mit der leeren Faust gegen meine Brust. Wenn sie bellte, holte ich den Ball unauffällig heraus und warf ihn. Als weitere Variante versteckte ich den Ball z.B. in einem Baum, ohne dass sie es bemerkte. Wenn sie ihn gefunden hatte, aber nicht drankam, setzte sich Jola immer wie ein Porzellanpüppchen vor den Baum und schaute mich fragend an. Ich ging dann zu ihr und stellte mich neben sie und gab ihr das Lautzeichen. Wenn sie einige Male schön gebellt hatte, bekam sie zusammen mit ihrem Jubelzeichen den Ball. Mittlerweile zeigt sie die Stellen, an denen ich den Ball versteckt habe, sie aber nicht drankommt, durch Verbellen an.

Somit komme ich gleich zu dem o.g. <u>JUBEL</u>-Zeichen (S. 101). Jolas Lieblingszeichen. Das Jubel-Zeichen ist ein Zeichen, das meine große Begeisterung und Freude ausdrücken soll. Für dieses Zeichen sollte man die Hände frei haben. Ich reiße meine Arme hoch und juble vor Freude so, als wäre Jola bei einem Wettrennen als erste durchs Ziel gelaufen. Dieses Zeichen ist folgendermaßen entstanden: ich hatte Jola den Ball einmal aus Versehen in ein eingezäuntes Fußballfeld geworfen. Als ich mich von meinem Schreck erholt hatte, war Jola schon unterwegs. Es gab nur zwei Eingänge und die waren geschlossen. Es waren Eisentüren mit längs verlaufenden Stäben. Jola suchte sich selbständig den Eingang, zwängte sich durch diese Stäbe (gut, dass sie so zierlich ist, sonst wäre sie wahrscheinlich steckengeblieben) und raste solange auf diesem leeren Fußballfeld umher, bis sie ihren Ball endlich gefunden hatte. Ich konnte die ganze Zeit nur hilflos zusehen. Sie schnappte sich den Ball und schaute mich ganz stolz an, da bin ich vor lauter Freude in die Luft gesprungen, habe meine Arme hochgerissen und laut gejubelt. Ich merkte, wie diese extreme Mimik von mir Jola aufbaute. Sie suchte sich selbstständig die Ausgangstür, quetschte sich wieder durch und kam wie der Wirbelwind mit dem Ball zu mir zurückgelaufen und sie schien mehr als stolz auf sich zu sein. Seitdem habe ich dieses Zeichen in meine Liste aufgenommen. Wann immer sie etwas sehr Schwieriges meistert, gebe ich ihr dieses Jubel-Zeichen.

Das VORAUS-Zeichen (S. 103) entspricht eigentlich auch meinem SUCH-Zeichen (S. 103). Ich legte Jola ins Platz ab, gab ihr das Bleib-Zeichen und legte ihr den Ball ca. 10 Meter gegenüber ins Gras. Um sicher zu gehen, dass sie den Ball auch sieht, bevor ich ihn in das Gras legte, zeigte ich ihr den Ball noch einmal. Dann kehrte ich zu ihr zurück, ließ sie in der Grundstellung sitzen, hielt sie am Halsband fest und zeigte mit dem ausgestreckten Arm und ausgestreckten Zeigefinger schwungvoll in Richtung des Balles. Dann ließ ich sie los. Wie zu erwarten, schoss sie wie eine Rakete in gerader Linie zu ihrem

Ball, auf dem sie dann herumknautschte. Hierbei beließ ich es aber. Normalerweise müsste ich ihr noch beibringen, sich abzulegen, und zwar kurz bevor sie den Ball erreicht. Für diese spezielle Übung müsste ich dieses Voraus-Zeichen noch ändern, da es für sie auch gleichzeitig das Such-Zeichen ist. Durch dieses Doppelzeichen käme sie aber nur durcheinander. Zusätzlich ist es für diese Übung mehr als sinnvoll, sich einen Helfer zu holen, der dem Hund dann, bevor er den Ball erreicht, das Platzzeichen geben muss.

Das SCHLUSS-Zeichen (S. 104) habe ich ihr beigebracht, als sie mich auf den Spaziergängen unermüdlich mit ihrem Ball traktierte, d.h. sie wollte ständig, dass ich ihren Ball warf oder mit dem Fuß wegkickte. Manchmal hatte ich einfach keine Lust mehr, denn es kann auch ziemlich nerven, außerdem kann ich ja nicht ständig nur mit Jola spielen, ich habe ja noch Bongo, der auch voll und ganz meine Aufmerksamkeit verdient. Als Jola einmal wieder und wieder kam und mir ihren Ball vor die Füße spuckte, nahm ich ihr den Ball weg und gab ihr das Schluss-Zeichen, welches ich mir vorher ausgedacht hatte. Natürlich war Jola damit absolut nicht einverstanden. Sie versuchte es mit allen Tricks. Sie lief neben mir perfekt bei Fuß und schaute mich dabei bettelnd an. Ich reagierte nicht. Da lief sie ein Stück vor, drehte sich um und schaute mich auffordernd an, kam wieder zu mir zurück, usw.
Sie hatte eine unermüdliche Ausdauer, trotzdem ließ ich mich nicht von ihr erweichen. Nach ca. einer Viertelstunde gab sie endlich auf und lief ihre eigenen Wege. Kurze Zeit später gab ich ihr das Komm-Zeichen und sie erhielt als Belohnung ihren Ball zurück. Ich wollte ihr damit auch vermitteln, dass ich darüber bestimme, wann das Spiel anfängt und wann es endet und nicht sie. Diesen Vorgang habe ich mehrmals auf vielen Spaziergängen geübt. Mittlerweile kann ich dieses Zeichen auch bei

anderen Gelegenheiten verwenden. Es bedeutet, dass sie ein bestimmtes Verhalten beenden soll, z.B. Spielen, Bellen etc., etc.

Ihr Zeichen zum SITZ IN DER GRUNDSTELLUNG (S.105) und zum Fußgehen vermittelte ich ihr folgendermaßen: ich nahm Jola an die Leine. Voraussetzung dafür ist, dass der Hund das Sitz-Zeichen sicher beherrscht. Ich gab Jola mit der linken Hand das Sitz-Zeichen; daraufhin setzte sie sich neben mich, jedoch recht schief. Ich korrigierte sie dann, indem ich ihr Hinterteil zu mir hinzog und sie dann mit dem Okay-Zeichen lobte. Ich begann die Fußübungen immer damit, dass sie sich zuerst links neben mich hinsetzen musste. Saß sie nicht dicht an meinem Bein, dann klatschte ich mir mit der flachen Hand auf meinen linken Oberschenkel und schaute sie tadelnd an; da rückte sie dann freiwillig näher zu mir heran. Ich wiederholte das so lange, bis sie korrekt neben mir saß. Dann kam natürlich die Belohnung. Später brauchte ich nur noch einmal mit meiner Handfläche auf meinen linken Oberschenkel zu klopfen, da wusste sie, dass sie sich neben mich in Grundstellung zu setzen hatte. Nun konnte ich mit ihr das FUß-Zeichen (S.106) üben. Ich gab ihr mit der rechten Hand das Fuß-Zeichen und lief los. Natürlich hatte ich in dieser Hand ein Leckerchen, das ich ihr vor die Nase hielt und ihr dann gab, wenn sie schön neben mir lief. So schaute sie andächtig zu mir hoch. Anfänglich bin ich nur kurze und gerade Strecken mit ihr bei Fuß gelaufen und zwar nur solange, bis ich mir ihrer Aufmerksamkeit sicher sein konnte. Hatte ich das geringste Gefühl, dass ihre Aufmerksamkeit nachließ, beendete ich die Übung mit der Grundstellung und spielte mit ihr ausgiebig. Nachdem sie das Fuß-Zeichen sicher beherrschte, baute ich in meine Strecken auch Kurven und Wendungen ein. Später übte ich das Ganze dann auch ohne Leine. Mit einem Leckerchen in der Hand sind die Übungen verhältnismäßig einfach. Der Hund schaut konzentriert zu

einem auf und man besitzt seine volle Aufmerksamkeit.
Ich achte immer darauf, dass sich Jola vor diesen Fußübungen richtig austoben kann.

Das HERUMGEHEN ZUM SITZ IN DER GRUNDSTELLUNG-Zeichen (S.107) übte ich, indem ich Jola zuerst vorsitzen ließ. Darauf ließ ich meinen gestreckten Zeigefinger um mich herumwandern. Damit sie meinem gestreckten Zeigefinger auch um mich herum folgte, enthielt diese Hand ein Leckerchen, welches sie dann bekam, wenn sie wieder in der Grundstellung neben mir saß.

Das STOPP-Zeichen (S.108) ist dafür gedacht, Jola im vollen Lauf zu bremsen. Dieses Zeichen hatte ich jedoch nicht vorsätzlich eingeplant. Ich wollte das Stopp-Kommando eigentlich mit Bongo üben. Als Bongo in vollem Lauf angerannt kam, rief ich „stopp“ und versuchte dieses Kommando intuitiv mit einer bremsenden Handfläche zu verstärken. Ich war deshalb sehr erstaunt, als plötzlich auch Jola, die mit Bongo gemeinsam angestürmt kam, sich zusammen mit Bongo auf halb zurückgelegter Strecke ins Platz legte. Mein voller Körpereinsatz bei dem Stopp-Zeichen, schien Jola sehr beeindruckt zu haben. Nachdem ich also wusste, dass Jola auf dieses Zeichen (bremsende Handfläche) so gut reagierte, nahm ich es in meine Zeichenliste auf. Ich übte das Stopp-Zeichen immer dann, wenn sie in hohem Tempo direkt auf mich zulief. Legte sie sich ordentlich ins Platz, ging ich zu ihr hin, gab ihr ein Leckerchen zwischen die Pfoten, ließ sie anschließend sitzen und dann warf ich ihren Ball.

Das RUNTER-Zeichen (S. 109) entstand folgendermaßen:
Jola liebte es, zu jeder erdenklichen Tageszeit, nach Lust und Laune, auf meinen Schoß zu klettern. Das ist noch eine von mir

zu wenig beachtete Angewohnheit. Bei meinem ersten Versuch, ihr deutlich zu machen, dass ich nicht möchte, dass sie auf meinen Schoß klettert, benutzte ich meine geschlossene Faust (so, als wollte ich mit der geschlossenen Faust auf den Tisch hauen) und drückte Jola konsequent auf den Boden hinunter. Bei ihren weiteren Versuchen wiederholte ich diesen Vorgang immer wieder. Nahm sie ihre Pfoten wieder von mir herunter, lobte ich sie ausgiebig. Wenn ich nur bemerkte, dass sie es vorhatte auf meinen Schoß zu klettern, gab ich ihr schon im Vorfeld das Runter-Zeichen. Daraufhin legte Jola mir nur ihren Kopf auf meinen Schoß, den ich dann streichelte. Um ihr ebenfalls beizubringen, dass sie mich bei der Begrüßung nicht mehr anspringen soll, gab ich ihr, kurz bevor sie mich anspringen wollte, das Runter-Zeichen. Blieb sie brav vor mir stehen und unterließ das Anspringen, streichelte und lobte ich sie.

Seitdem ich mit Jola in Zeichensprache kommuniziere, benötige ich auch für Bongo oft keine Laut-Kommandos mehr, denn auch er weiß mittlerweile, was die einzelnen Zeichen bedeuten. Wenn ich Jola z.B. aus weiter Entfernung ins Platz lege, passiert es oft, dass Bongo sich ebenfalls ablegt, wenn er es mitbekommt. Beide liegen dann an ganz verschiedenen Stellen im Gras. Wenn das Gras hoch steht, muss ich Bongo manchmal suchen. Das finde ich sehr witzig.

Die Spritzflasche oder Wasserpistole

Wann immer Jola etwas anstellte, war es sehr schwierig für mich, ihr verständlich zu machen, dass sie das, was sie gerade tat (wie z.B. im Mülleimer wühlen, irgendwo hochspringen, Möbel anfressen, etc.) nicht tun darf.
Ihr Forschergeist war unerschöpflich, ihre Neugier riesengroß und sie war verdammt schnell. Es verging kein Tag, an dem ich nicht etwas auf meine Verlustliste setzen musste.

Zuerst lief ich ihr ständig hinterher, habe mich angeschlichen, versteckt oder Ähnliches, um sie auf frischer Tat zu ertappen. Jola hatte ziemlich schnell raus, wenn ich im Anmarsch war, sei es, weil sie wusste, dass sie etwas Unerlaubtes tat oder weil sie meine herannahenden Schritte durch die Vibration des Bodens meist schon spürte, bevor ich überhaupt in Aktion treten konnte, um ihr mit einem Nein-Zeichen klar zu machen, dass dieses oder jenes nicht in Ordnung ist.

Eines Tages besprühte ich meine letzte Zimmerpflanze (die anderen hatte ich bereits wegen Jolas unermüdlichen Forschergeist entfernt) mit einer Wassersprühflasche. Da ich wußte, dass sie Wasser über alles liebt, spritzte ich sie spaßeshalber nass. Doch was hatte ich damit nur angestellt? Jolas Ohren klappten nach unten, sie zog die Rute ein und verschwand schnellstens in ihr Körbchen. An diesem Tag hatte ich ein geeignetes Erziehungsmittel gefunden, mit dem ich sie auch über eine gewisse räumliche Entfernung beeinflussen konnte. Gleich am nächsten

Tag kaufte ich, sehr zu Jolas Leidwesen, eine Wasserspritzflasche. Da ich Jolas Vorlieben und Tricks bereits kannte und ziemlich genau wusste, was sie zwar gerne tat, aber nicht tun durfte, provozierte ich Situationen, in denen ich mir sicher war, was sie tun würde. So stellte ich z.B. einen Teller mit Essen auf den Tisch und wartete in Lauerstellung auf ihr Erscheinen. Sobald sie ansetzte, den Teller genauer zu untersuchen, zielte ich mit der Spritzflasche auf Jola. Der Wasserstrahl traf sie aus heiterem Himmel und sie fand das gaaaar nicht toll.
Das Gute an dieser Methode ist, dass man einerseits genügend Distanz zum Hund einhalten kann, und das Wasser andererseits nicht weh tut und auch sonst keinen bleibenden Schaden hinterlässt.
Wenn ich die Sprühflasche nur in die Hand nehme, nimmt Jola sofort reiß aus.

Statt der Wasserspritzflasche, kann man natürlich auch eine Wasserpistole verwenden. Dabei sollte man aber nicht vergessen, dass die Wasserpistole gerne von Kindern als Spielzeug benutzt wird und Kinder aus Spaß auch vor Hunden nicht halt machen. Das könnte für einen Hund, bei dem die Wasserspritzpistole als Erziehungshilfsmittel eingesetzt wird, zur Folge haben, dass er Kinder negativ verknüpft.

Laserpointer oder Taschenlampe

Gerade in der Winterzeit kommen wir als Hundebesitzer häufig in die Lage, dass wir mit dem Hund auch bei Dunkelheit spazieren gehen müssen. Für den Besitzer eines tauben Hundes stellt sich dann die Frage, wie er mit dem Hund, den er nicht an der Leine führen möchte, in Kontakt treten kann, da die Sichtverhältnisse bei Dunkelheit alles andere als optimal sind. Guter Rat ist also teuer.
Hier bieten sich Taschenlampe oder Laserpointer an, deren Lichtstrahl bis in große Entfernungen reichen und gerade taube Hunde diese visuellen Reize stark wahrnehmen. Diese Eigenschaft kann man nutzen und den Hund mittels Lichtreiz zu sich heranholen. Entfernt sich der Hund zu weit oder soll er zurückkommen, lenkt man den Lichtstrahl in Nähe des Hundes auf den Boden, so dass er ihn sehen kann. Bitte nicht direkt in die Augen bzw. ins Gesicht leuchten, da der Hund dadurch geblendet wird, bzw. Laserpointer das Auge schädigen. Bemerkt und verfolgt der Hund nun den Lichtfleck, lenkt man den Strahl, zusammen mit dem Hund, wieder zu sich zurück. Natürlich muss auch dies erst trainiert werden: man nimmt die Taschenlampe und schaltet sie ein. Registriert der Hund den Lichtfleck an der Wand oder auf dem Boden und zeigt er Interesse, wird er belohnt. Dies wird so oft wiederholt, bis der Hund kombiniert, dass der eingeschalteten Taschenlampe eine Belohnung folgt. Erst jetzt wird die räumliche Entfernung zum Hund vor Einsatz der Lichtquelle langsam erhöht.

Bevor man den Hund nachts von der Leine lässt, sollte aber ausprobiert werden, ob der Hund bei Dunkelheit generell Angst hat, denn man darf nicht vergessen, dass sich dann gerade taube Hunde, bedingt durch die schlechten Sichtverhältnisse, extrem ängstlich verhalten können. Sollte dies der Fall sein, ist der

Hund zunächst (oder, falls er sich nicht an die Dunkelheit gewöhnt, immer) an der Leine zu führen, wenn die Lichtverhältnisse es erfordern.

Das erste Mal, als ich mit Jola im Dunkeln spazieren ging, reagierte sie sehr unsicher. Sie empfand alles um sich herum als Bedrohung und verbellte teilweise sogar Baumstümpfe, Wasserfässer und Ähnliches auf das Heftigste.

Für Jola und mich kommen Taschenlampe oder Laserpointer nur eingeschränkt als Erziehungshilfsmittel in Frage, da Jola sehr extrem auf Lichtreflexe reagiert. Um sie zu mir heranzuholen, ist es zwar ein gutes Hilfsmittel, doch um sie in ein Sitz zu bringen oder andere Gehorsamsübungen von ihr zu verlangen, ist es völlig ungeeignet, da Jola viel zu unruhig und aufgeregt darauf reagiert. Mittlerweile gerät sie schon alleine bei dem Anblick meiner Taschenlampe völlig außer Rand und Band.
Für Hunde, bei denen nicht sofort das Kegel-Jagdfieber ausbricht und die entsprechend ruhiger agieren, mag es ein gutes Erziehungshilfsmittel sein. Dabei darf man aber nicht vergessen, dass diese Hilfsmittel am Tag ihre Eindeutigkeit und damit ihre Wirksamkeit verlieren. Außerdem kann es zu unerwarteten Reaktionen des Hundes führen, wenn z.B. im Haushalt eine Taschenlampe gebraucht wird: mein Mann wollte abends einmal in einem Zimmer eine Lampe montieren. Da er dazu Licht brauchte, hantierte er mit einer Taschenlampe herum, deren Lichtstrahl natürlich an der Zimmerdecke "herumhüpfte". Jola stand dabei und begann fürchterlich zu kläffen, was bei ihr in der Regel sehr selten ist. Sie rannte wie verrückt im Zimmer hin und her, gab Hetzlaut und ließ sich nur dadurch stoppen, dass ich sie aus dem Zimmer entfernte. Auch der Lichtreflex einer Armbanduhr kann Ursache größeren Chaos sein: Jola

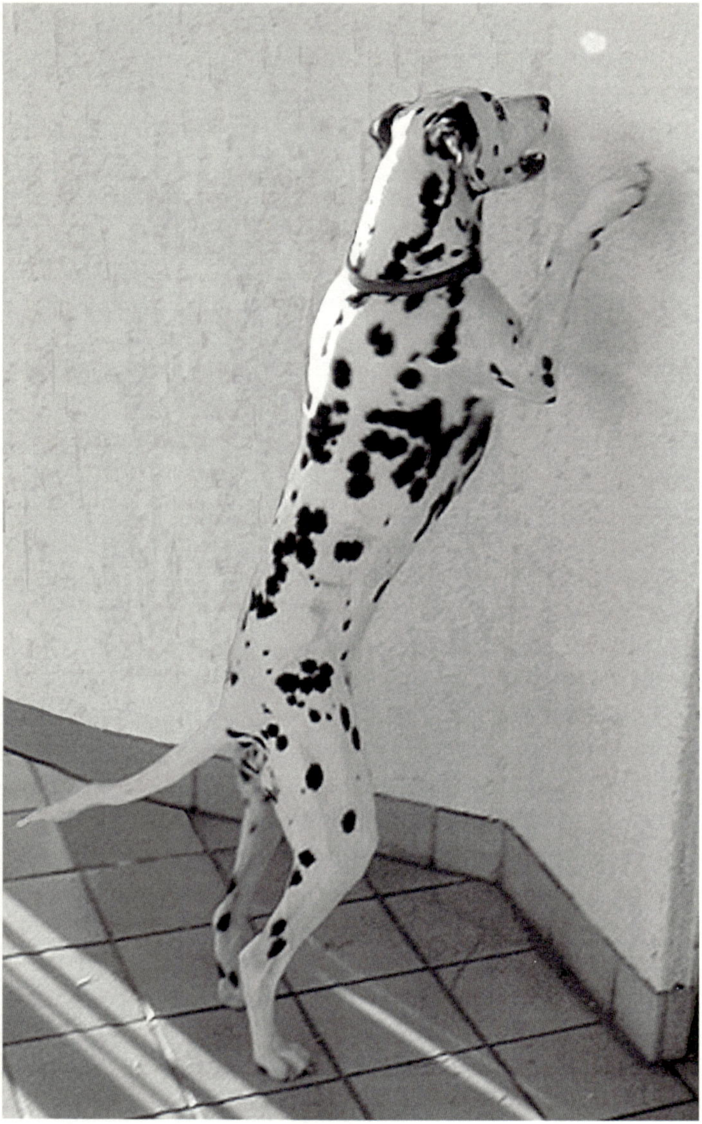

Jola auf der Jagd nach einem Lichtpunkt

rennt in ihrem Kegeljagdtrieb alles über den Haufen, hüpft auf Stühle und Tische, wenn sie sich dadurch ihrem Ziel, die Lichtreflexe zu erwischen, ein Stück näher wähnt.
Jola ist so verrückt danach, dass ich mit ihr eigentlich gar nicht spazieren gehen müsste. Ich bräuchte mich nur im Dunkeln hinzustellen und mit der Taschenlampe Lichtflecke hüpfen lassen. Jola würde sich bei dieser Lichtjagd völlig verausgaben.

Jolas Fixierung auf Lichtpunkte birgt auch einige Gefahren. Es ist noch nicht lange her, da war ich mit Jola übers Wochenende in einer Großstadt (wir leben auf dem Land). Nachts gingen wir noch einmal entlang von Bahngleisen Gassi, wobei ich sie natürlich an der Leine führte. Als ein Zug mit seinen hell erleuchteten Abteilen an uns vorbei fuhr, zog und zerrte sie mit aller Gewalt an der Leine, weil sie die vorbeirasenden Lichter einfangen wollte. Ohne Leine wäre das sicher schlimm ausgegangen und wir haben wieder etwas, dass wir noch ein wenig üben müssen. Ähnlich reagierte sie als junger Hund auf die Lichter von Autos oder Fahrrädern. Durch häufiges Spazieren gehen bei Dunkelheit, weiß sie inzwischen, dass diese Lichter tabu sind (Gewöhnung).
Da ich mit Jola in einer Rettungshundestaffel tätig bin und wir sie als Mantrailerin ausbilden (Personensuchhund), haben wir in der Winterzeit regelmäßig im Dunkeln Training.
Um mit ihr, trotz ihres Lichtkegeljagdtriebes, trainieren zu können (Spurensuche), benutze ich kaltes Licht (Neonröhre), um meine direkte Umgebung zu beleuchten. Bei dieser Art von Licht entsteht kein Lichtkegel, der ständig hin und her hüpft. Hierbei lässt sie sich nicht von ihrer Arbeit ablenken und ein Training in der Dunkelheit wird möglich.

Erziehungsmittel Halsband

Das Würgehalsband

Auf vielen Hundeplätzen ein beliebtes Ausbildungsmittel auch für den hörenden Hund. Generell bin ich persönlich der Meinung, dass der Würger (egal, ob Endloswürger oder mit Stoppring) eine schlechte Alternative zum normalen, festgestellten (Leder-)Halsband ist, da die Leineneinwirkung (sowohl der kurze strafende Ruck, als auch das spontane lobende Nachgeben) hier mit einer gewissen Verzögerung eintritt.

Das Halti

Dieses Erziehungsmittel wird beim hörenden Hund v.a. dann eingesetzt, wenn der Hund an der Leine zerrt. Angelegt kann man es vergleichen mit dem Halfter eines Pferdes. Das Halti vereint drei wichtige Punkte:

1. die Führung des Riemens über die Schnauze imitiert in gewisser Weise den Schnauzengriff, der auf freundliche, aber bestimmte Weise dem Hund seine untergeordnete Stellung deutlich macht,

2. dem an der Leine zerrenden Hund wird durch das Herumziehen der Schnauze die Kraft aus dem Nacken-

bereich genommen, so dass der Hundeführer den Hund körperlich besser unter Kontrolle halten kann,

3. durch das Herumziehen der Schnauze wird der Blick auf den Hundeführer gelenkt. Es kommt zum Augenkontakt; der Hund wird wieder “ansprechbar” (ein Fakt, der v.a. beim tauben Hund von enormer Wichtigkeit ist, da der Augenkontakt ja Grundvoraussetzung für unsere Kommunikation ist).

Zu bedenken ist aber, dass selbst dieses scheinbar ungefährliche Erziehungsmittel in der jähzornigen oder ungeübten Hundeführerhand, dem Hund erhebliche gesundheitliche Schäden, in Form von Verletzungen der Halswirbelsäule, zufügen kann.

Das Teletakt-Gerät

Der Einsatz, dieses über einen zwischen Sender (Hundeführer) und Empfänger (Hund) ausgesandten elektrischen Impuls funktionierenden Halsbandes, ist auch beim hörenden Hund sehr umstritten und nur in ganz seltenen Fällen gerechtfertigt. Bedenken wir, wie sensibel der taube Hund auf unvorhergesehene Berührungen reagiert, so erscheint es selbstverständlich, dass dieses Erziehungsmittel nicht eingesetzt werden sollte.

Das Vibrationshalsband

Das Vibrationshalsband stellt eine gute Alternative zum Teletakt-Gerät dar. Auch dieses Halsband basiert auf der Aussendung eines Signals zwischen Sender und Empfänger, jedoch nicht in Form eines Stromschlags, sondern als Vibration des Halsbandes. Es ist durchaus geeignet, den Hund dazu zu veranlassen, bestimmte Kommandos auszuführen, bzw. sich zumin dest nach dem Hundeführer umzuorientieren (immer vorausgesetzt, die entsprechende Verknüpfung wurde hergestellt). Voraussetzung ist, dass die Vibrationsstärke stark genug ist, um vom Hund auch dann wahrgenommen zu werden, wenn dieser sich gerade stark auf etwas ganz Anderes konzentriert.

Das MasterPlus oder JetCare

Eine ebenfalls ausgesprochen gute Alternative zum Teletakt-Gerät ist das MasterPlus- oder JetCare-Halsband. Auch dieses Gerät basiert auf der Aussendung eines Signals zwischen Sender und Empfänger. Der Lernerfolg beruht hier, ähnlich wie beim Vibrationshalsband, auf Umlenkung statt Strafe. Zeigt der Hund unerwünschtes Verhalten, wird über den Sender ein Sprayausstoß ausgelöst, der vom Hund als unangenehm empfunden wird. Diese Ablenkung bewirkt eine Umorientierung zum Hundeführer.

Bei unsachgemäßer Anwendung kann bei jeder Art Erziehungshalsband ein Gewöhnungseffekt auftreten, der die Wirkung abschwächt. Voraussetzung ist außerdem ein solide aufgebauter Grundgehorsam. Grundsätzlich ist es ratsam, für die Anwendung dieser Erziehungshalsbänder, professionelle Hilfe in Anspruch zu nehmen.

Eigene Fehler und Erfahrungen mit Jola

Im folgenden Kapitel möchte ich auf Probleme eingehen, bei deren Bewältigung mir Fehler unterlaufen sind.

Als definitiv feststand, dass Jola taub ist, räumte ich ihr, ohne dass es mir bewusst war, einen Sonderstatus ein. Ich ließ sie Dinge machen, die ich Bongo nie hätte durchgehen lassen. Z.B. ließ ich sie, wann immer sie es wollte, auf meinem Schoß sitzen, aber auch ein kleiner tauber Welpe wird irgendwann erwachsen. Der kleine Welpe hat auf dem Schoß noch viel Platz, ein großer Hund wird darauf kaum mehr Platz haben, zu mindest wird es für den Menschen sehr ungemütlich. Ebenfalls findet es jeder niedlich, wenn ein kleiner tollpatschiger Junghund die Menschen bei der Begrüßung anspringt. Oft wird darüber nur verzückt gelächelt. Später aber, wenn der Hund ausgewachsen ist und eine stattliche Körpergröße erreicht hat, wird das Anspringen von vielen als bedrohlich empfunden.
Gerade bei einem tauben Hund, hätte ich zusätzlich bedenken müssen, dass es viel schwieriger ist, im richtigen Moment auf ihn einzuwirken, da ich kein schnelles "Aus" oder "Pfui" sagen kann. Ein Sichtkontakt ist immer Voraussetzung für die Durchführung eines Zeichens (z.B.das Nein-Zeichen), weshalb es gerade deshalb weit komplizierter ist, eine Unart wieder abzugewöhnen.

Ein weiteres Problem tauchte beim Spaziergehen auf. Jola hat auf dem Spaziergang immer fremde Leute verbellt. Sie lief hin und hat sie ängstlich angebellt. Damals dachte ich mir, sie ist aufgrund ihrer Taubheit ängstlich und unsicher, war jedoch davon überzeugt, dass sich diese Unart, wenn sie älter wird, verlieren würde. Um zu verhindern, dass die freilaufende Jola mir Spaziergänger anbellte, habe ich sie entweder mit einem Leckerchen an mich gebunden oder aber, ich bin den Menschen einfach aus dem Weg gegangen. Heute weiß ich, dass dies völlig falsch war. Durch mein Nichteingreifen bzw. dadurch, dass ich der Situation absichtlich aus dem Wege gegangen bin, ist es im Laufe der Zeit eher schlimmer geworden. Ihr Bellen hört sich jetzt nicht mehr ängstlich, sondern eher herausfordernd an. Ich hätte das Anbellen, das Anspringen und das auf -dem-Schoß-sitzen von Anfang an unterbinden müssen. Heute muss ich hart daran arbeiten, dass ich diese Unarten, die sich mittlerweile verselbständigt haben, wieder herausbekomme.

Das nächste Problem entstand dadurch, dass ich Jola nicht von vornherein überall mit hingenommen habe.
Da mir z.B. das Einkaufen mit zwei Hunden an der Leine einfach zu stressig war, habe ich die Hunde entweder im Auto oder aber gleich ganz zu Hause gelassen. Auch das war ein Fehler. Jola ist ein Landhund, d.h., wir leben hier auf dem Lande. Erfahrung mit der Stadtatmosphäre konnte sie daher nicht frühzeitig genug gewinnen. Somit hat sie z.B. stark befahrene Straßen oder einen mit Menschen überfüllten Marktplatz nie kenngelernt. In einer Stadt ist Jola deshalb sehr unsicher und nervös. Alles was sie nicht kennt, knurrt sie an. Hat sie Gelegenheit es abzuschnuppern, ist die Welt wieder in Ordnung.

Es ist also überaus wichtig, dass gerade ein tauber Hund, bei dem die Kommunikation nur auf Mimik, Körperhaltung und auf Zeichen beschränkt ist, so früh wie möglich vielseitige visuelle Eindrücke sammeln und damit zusammenhängende Ängste durch positive Gewöhnung abbauen kann. Wenn Jola Angst hat, ist es selbst für mich sehr schwer sie zu beruhigen. Denn gerade in Momenten der Angst erschrickt sie manchmal sogar vor meinen Berührungen. Ich muss dann immer äußerst behutsam vorgehen, um sie wieder aufzubauen und ihre Angst zu nehmen. Ich habe mir für die Zukunft vorgenommen, mit Jola öfter mal durch eine Stadt zu laufen.

Eine andere negative Erfahrung machte ich vor kurzem im Zusammenhang mit einem Seminarbesuch. Da ich fast nie in die Lage komme, Jola alleine mitzunehmen, war es für sie wie für mich, eine neue Situation. Jola war wesentlich ängstlicher als sonst. Man merkte buchstäblich, dass ihr der Bruder Bongo fehlte. Bei den Spaziergängen entfernte sie sich im Gegensatz zu sonst nicht so weit und schaute doppelt sooft zu mir zurück als üblich. Nachts durfte ich sie ins Zimmer mitnehmen. Jola lag mit geöffneten Augen neben meinem Bett. Es war spät und ich löschte das Licht. Es war stockdunkel. Ich hörte plötzlich, wie Jola, die eben noch ruhig neben meinem Bett lag, panikartig aufsprang und irgendwo hinkroch. Da ich sie nicht sehen konnte, rief ich sie, doch mir wurde schlagartig bewusst, dass sie mich ja gar nicht hören konnte. Der Kontakt zwischen uns war komplett abgebrochen. Es war ein sehr beunruhigendes Gefühl für mich und natürlich auch für Jola. Ich wusste, Jola hatte Angst; es war ein fremdes Zimmer, sie war ohne ihren Bruder und hatte in diesem Moment nicht einmal mehr Verbindung zu mir. Ihre Welt war jetzt nicht nur still und fremd, sie war auch stockdunkel.
Ich schaltete schnell das Licht wieder ein. Jola hatte sich zitternd unter den Tisch in eine Ecke verkrochen. Sie tat mir richtig leid. Ich setzte mich zu ihr und streichelte sie behutsam. Ihr Zittern ließ langsam nach und für den Rest der Nacht, ließ ich meine kleine Nachttischlampe brennen und nahm mir vor, bei einem nächsten Hotelbesuch ein kleines Dämmerlichtchen, das ich in die Steckdose stecken konnte, mitzunehmen.

Durch dieses Ereignis wurde mir wieder einmal klar, wie wichtig es ist, sich in den tauben Hund hineinzudenken. Hätte ich vorher darüber nachgedacht, hätte ich Jola dieses unschöne Erlebnis ersparen können.

Jolas allerliebstes Spielzeug und der Schlüssel zum Erfolg

Jola hatte schon immer eine Vorliebe für Steine; große, kleine, dicke, schmale..... Hatte sie erst einen Stein als ihren Lieblingsstein auserkoren, so schleppte sie ihn im Maul immer mit sich herum. Ich machte mir allmählich Sorgen um ihre Zähne, und wollte ihr aufgrund dessen diese Steinmarotte abgewöhnen. Ich bot ihr eine Beißwurst, eine Plastikflugente, ein Zottelseil, einen Lederlappen, einen Stock etc. an, aber immer wieder musste ich feststellen, dass sie den Steinen den Vorzug gab. Das Schlimmste an der Sache war, dass die Steine von Zeit zu Zeit immer größer wurden. Ich hielt öfters die Luft an, denn ab und an entglitt ihr der Stein und es fehlte nicht viel und er wäre ihr auf die Pfoten gefallen. Ich überlegte mir ernsthaft, ob ich für Jola einen Steingarten anlegen sollte ....
Irgendwann entdeckte ich in einem Tiergeschäft einen kleinen ovalen roten Ball mit einem Loch in der Mitte, den nahm ich für sie mit. Als ich diesen Ball das erste Mal warf, war ich mir eigentlich fast sicher, dass auch dieses Spielzeug ihr Herz nicht erobern würde, aber ich hatte mich getäuscht. Vielleicht lag es daran, dass dieser Ball, in eine völlig unvorhersehbare Richtung springt, wenn er aufkommt, eben weil er oval war oder lag es daran, dass man ihn wegen seines Loches in der Mitte so schön knautschen konnte, ich wusste es nicht, aber Jola fand diesen Ball einfach genial. Wann immer es mir auf dem Spaziergang möglich war, warf ich ihr diesen Ball, denn steckte ich diesen Ball in die Tasche, kam es anfänglich noch vor, dass sie sich als Ersatz einen Stein holte. Holte ich jedoch diesen Ball aus der Tasche, ließ sie den Stein sofort achtlos liegen. Ich wiederholte

diese Prozedur so lange, d.h. Ballwerfen, Ballwerfen und wieder einstecken, holte sie sich einen Stein, wedelte ich wieder mit dem roten Ball, warf ihn erneut einige Male und steckte ihn wieder ein....

Mittlerweile ist dieser Ball der Schlüssel zum Erfolg. Jola ist so verrückt nach diesem Ball, dass ich ihr mit Hilfe dieses Balles etliches beibringen konnte. Solange ich diesen Ball in der Hand habe, gilt ihr Blickkontakt nur mir und dem Ball. Ich könnte mit ihr an einer Würstchenkette vorbei gehen, ohne dass sie sich für die Würstchen interessieren würde. Sie bringt mir den Ball mit Vorliebe auf das Bring-Zeichen. Sie hat das Aus-Zeichen gelernt, weil sie sehr schnell begriffen hat, dass, wenn sie den Ball auslässt, er wieder fortgeworfen wird. Ich habe ihr das Laut-Kommando beigebracht und das Voraus/Such-Zeichen. Wenn man sie für ein ausgeführtes Kommando mit einem Würstchen belohnen möchte, lässt sie es achtlos liegen. Ich lege sie ins Platz und verstecke den Ball auf einem Baum, hänge ihn an einen Ast oder werfe ihn in ein verwachsenes Feld. Dann gehe ich zu ihr zurück und gebe ihr das Suchzeichen. Entweder sie kommt dran, dann bringt sie mir den Ball oder sie kommt nicht dran, dann verbellt sie den Ball. Um ihre Nasenarbeit zu intensivieren, lasse ich Jola den Ball so oft es geht suchen. Jola hat eine bedauerliche Vorliebe. Wenn immer sie den Ball hat und sie währenddessen einen Kaninchenbau findet, lässt sie ihren heißgeliebten Ball hineinkullern. Dann liegt sie fasziniert davor und starrt in das gähnende Loch, so als würde sie denken, das Kaninchen würde ihren Ball wieder rausschießen. Ich selbst habe schon einige Rettungsversuche unternommen, aber meistens sucht sie sich genau diese Bauten aus, die aus besonders steilen Gängen bestehen, so dass der Ball unwiderruflich verloren ist. Gerade vor kurzem habe ich wieder 10 rote Bälle als Reserve bestellt. Immer wieder muss ich mir für Jola schwierigere Verstecke ausdenken. Das Werfen alleine genügt ihr nicht mehr. Jolas Energie ist unerschöpflich, meine leider nicht. Wenn ich vom Spaziergang zurückkomme, bin ich immer ziemlich geschafft, denn entweder ist mein Fuß vom Ballkicken lahm oder mein Arm tut mir vom ständigen Werfen weh, manchmal auch beides.

Mühelos fängt Jola den Ball aus der Luft

Jola hat den Ball im Weizenfeld gefunden

Ganz winzig.......

Ganz winzig war ich, ein süßer Hosenmatz,
ein kleiner Möchtegern, ein frecher Fratz.
Der Schalk stand mir geschrieben im Gesicht,
komm Du zu mir, ich komme nicht!

Gefesselt hat mich die Natur,
wie fang ich das, was ist das nur.
Ich bin wie wild herumgerannt,
der Ernst des Lebens war mir unbekannt.
Tagtäglich hab ich was Neues angestellt,
hab Unbekanntes laut verbellt.

Die Stöckchen hab ich durchgebissen,
Papier und Zeitung schnell zerrissen.
Hab` stetig alles abgeräumt,
und nachts wie wild davon geträumt.

Es war ein Kampf, mir etwas beizubringen,
ein Liedchen könnt ich davon singen,
das „Platz“ hab ich beharrlich ignoriert
und dafür and`re Dinge ausprobiert.

Auf`s „Fuß-Kommando“ hab ich erst gar nicht reagiert,
mein Halsband hat mich dabei fast schon stranguliert.
Ich zog Dich an der Leine quer durch`s Feld,
als wär es das Normalste auf der Welt.

So manches Mal hast Du die Haare Dir gerauft,
hast für mich massenweise Leckerlis gekauft,
hast tapfer es von neuem dann versucht,
hast still und heimlich mich verflucht.

Mein Sturkopf brachte Dich zum Kochen,
doch endlich dann, nach vielen Wochen,
da hab ich`s endlich dann kapiert ....,
daß Du es bist, die kommandiert.

Von da an ging es dann Berg auf,
wir sind jetzt beide stets gut drauf,
Ich bin sehr ungern ohne Dich,
und Du bist ungern ohne mich.

Nachwort

Es war ein frostiger November Abend, als das Telefon klingelte. An diesem Abend trat Jola in unser aller Leben. Ihre himmelblauen Welpenaugen bohrten sich in unsere Herzen, so dass wir gar nicht anders konnten, als sie in selbiges einzuschließen. Und dort hat sie nun ein eigenes, großes Eckchen ganz für sich allein.

Jola ist unglaublich. Sie scheint alle erdenklichen Widersprüche in sich zu vereinen: sie ist so quirlig und temperamentvoll, dass sie Spaziergänge gleich welcher Länge und welchen Wetters im Renngalopp und nach etwa 8 km auch mal im Eiltrab bewältigt. Eine Jola im Schritt – undenkbar! Und doch erscheint sie zart und bedauernswert, wenn sie am Ende des Spaziergangs angeleint, verdreckt und durchnässt, mit bemitleidenswerter Miene, zitternd und mit eingeklemmter Rute neben Angelika herläuft. Ihre wachen Augen sehen alles. Manchmal sogar mehr als da ist. Ihrer Nase entgeht keine Spur, ihr stark ausgeprägter „Forschergeist" scheint sie förmlich zu zwingen, all diesen Eindrücken mit größtem Eifer auf den Grund zu gehen. Sie ist so gefangen davon, dass sie die Welt um sich herum zu vergessen scheint. Und doch vermittelt sie den Eindruck, als wollte sie sagen: ich möchte Dich ja verstehen, wenn Du nur so mit mir kommunizieren würdest, dass ich Dich auch verstehen kann, und so ist sie mehr als bereit auf jedes Kommando zu reagieren, sobald sie dessen Sinn begriffen hat. Wie kein anderer Hund wirkt sie außerordentlich bemüht, eine Ebene zu finden, auf der sie sich mit ihren Menschen verständigen kann.

Kein Hindernis auf ihrem Weg ist ihr zu hoch, als dass sie es nicht irgendwie hinauf, hinunter oder darüber schafft. Nichts so furchteinflößend, dass sie nicht mutig kläffend darauf zustürzen würde, um es zu vertreiben. Und doch, wer möchte sie nicht

tröstend in den Arm nehmen, wenn sie aus dem Schlaf aufschreckt und verunsichert um sich sieht, bevor sie aufsteht und sich einen sichereren Schlafplatz sucht und keiner von uns weiß, warum. Was geschieht dann in ihrer eigenen, stillen Welt? Ich kenne taube Menschen und doch hat mich keiner von ihnen je so beeindruckt, wie Jola es tut. Viel Zeit haben Angelika und ich damit verbracht uns Gedanken darüber zu machen, was wohl in ihr vorgeht, wie sie die Welt sieht und was sie wohl über uns denkt. Wäre Jola nicht taub, sie wäre ein Traum für jeden, der einen wesensstarken, freundlichen, aufgeweckten, arbeitswilligen Hund sucht. Oder ist sie so, gerade weil sie taub ist?
Ich muss die beiden letzten Sätze streichen! Denn trotz aller Schwierigkeiten und Handicaps mit denen ihr Leben und der Umgang mit ihr behaftet sind: Jola ist ein Traum. Und dieser kleine quirlige, sanfte, selbstbewusste, unsichere, aufgeweckte blauäugige Traum mit Punkten hat Angelika und mich so inspiriert, dass wir beschlossen haben, auch Sie an diesem Traum teilhaben zu lassen. An diesem Traum und an der z.T. harten Realität im Umgang mit einem tauben Hund, an einem Leben in Stille....